N.T.Wright

# 真の礼拝と教会の召し

For All God's Worth: True Worship and the Calling of the Church

N・T・ライト［著］

鈴木 茂・鈴木 敦子［訳］

いのちのことば社

*For All God's Worth*



Original edition published in English under the title *For All God's Worth*
by SPCK Group, London, England.

リッチフィールド大聖堂の音楽家たちへ

# 序文

　この世の終末と、来たるべきもう一つの世界に、皆さんはどのように対処するでしょうか。地震を試験管に入れたり、海を瓶に入れたりすることは、私たちには当然できません。ハリケーン（竜巻）が人となり、火が肉をとり、いのちそのものがいのちとなって私たちの間を歩んだという難解な思想を、皆さんはどのように受け入れるでしょうか。キリスト教はこうしたことを重視しているのでしょうか。あるいは、無視しているのでしょうか。キリスト教は世界で最も深淵な現実を明らかにするものなのでしょうか。あるいは、虚偽であり、たわ言、もしくは欺瞞的な芝居にすぎないのでしょうか。そのいずれかであると断言できない私たちの多くは、その狭間で深みのない世界に生きることを自らに課しています。そこで満足しているわけではないにもかかわらず、そこから脱却するすべも知らないのです。

　この小さな本では、生ける真の神を心から礼拝すること、そして、この神が導くままに従っていくことこそが、私たちが歩むべき道――それが伝統が示す道であるかどうかに関わらず――であることを示そうと試みています。礼拝はキリスト者にとって一つのオプションではありませんし、自己満足のための宗教活動でもありません。礼拝は、キリスト者の基本姿勢であり、実際（キリスト者が主張している）真に人間らしい基本姿勢なのです。「礼拝（worship）」は、「worth-ship」に由来し、それは、神にふさわしいものをすべてささげることを意味します。これがこの本のタイトル〔原題 *For All God's Worth*〕となっています。

　多くの人にとって、キリスト教は美しい夢にすぎないでしょう。日常の現実がぼやけてしまう世界です。ノスタルジックで、心地良く、心を和ませてくれます。けれども、真のキリスト教はそのようなものではまったくありません。たとえば、クリスマスのことを考えてみましょう。ノスタルジアの季節、キャロルやキャンドル、暖炉の火、そして幸せそうな子どもたちでしょうか。しかし、それはまったくの的外れです。クリスマスは、世界が本当に素晴らしい場所であることを思い出させるものではありません。実際はそうではなく、この世界が驚くほど荒んだ場所であり、悪が野放しにされ、子どもたちが殺され、先進国が発展途上国に武器を売り込み、互いに殺し合うことで膨大な利益を得ている状況を思い起こさせます。クリスマスは、神ご自身がキャンドルに火を灯すことです。皆さんは、すでに太陽の光が十分に差し込んでいる部屋にキャンドルの火を灯すことはないでしょう。キャンドルを灯すのは薄暗い部屋であり、火を灯すときに、周囲の本当の状況がどれほどひどいかが明らかになります。聖ヨハネはこう語っています。「光は闇の中に輝いている。闇はこれに打ち勝たなかった」〔ヨハネ一・一八〕。

　ですから、クリスマスは夢でもないし、一時の現実逃避でもありません。クリスマスは現実であり、周囲にあるすべての「現実」を照らし出します。クリスマスを理解するためにはキリスト教を知らなければなりません。イエスが世界の主であり、すべての現実がイエスの光の中で意味をなすのでしょうか。それとも、イエスは今日の世界が抱える問題や可能性に対しては、まったく無関係な存在なのでしょうか。そのいずれかであって、その中間はありません。イエスは神のみことばなのでしょうか。それとも、キリスト者がイエスについて話す物語は偽り事なのでしょうか。

本書を形づくる信念はこれです。つまり、「神」という言葉がなにがしかを指し示し、それが、その神がナザレのイエスにおいて明らかにされたなにがしかであるならば、この神を私たちは最大限の真剣さをもって受けとめる必要があるということです。(もちろん、イエスや神についてこのよう主張するとき、歴史的・神学的問題が様々に絡んでいます。それらについては、私は他のところで最善を尽くしています。) 私たちはこのような神をただ遠くから認めるだけで、これまでどおりにやっていくことはできません。もしこれらの話が真実であるなら、この神は私たちから遠く離れたところにおられません。神は私たち一人ひとりを真剣に受けとめ、私たちの世界に私たち人間の一人として入って来られたのです。

私たちがこの神を真剣に受けとめるなら、自分自身のことをも同じように真剣に受けとめる必要があります。もちろん、それは私たちが陰鬱になったり病的になったりするという意味ではありません。かえって、鏡に映る自分を見て、自分が何者であり、何をしようとしているのか、といったことを自らに問いかける必要があるという意味においてです。もし神が神であるなら、その問いかけには意味があります。もしイエスが神のみことばであるなら、その答えは皆さんが息を吞むほど驚くものですが、皆さんに神の息吹を与えてくれます。そのようなことが起こるときに最初に生じるのは、神を、すべての価値を受けるにふさわしい方として礼拝するということです。そして次に生じるのが宣教です。この動き、この流れこそが、この本の主題です。

この本の大部分は、リッチフィールド大聖堂の生活と活動に表現されているこの流れから発展したものです。リッチフィールド大聖堂は、他のすべての大聖堂と同様に、礼拝と宣教の共同体《コミユニティ》を収容するように設計されています。第2章は、私が首席司祭（ディーン）就任式で説教した内容に基づいています。他のいくつかの章も大聖堂で生み出されたものです。本書の前半は、神と神を礼拝することとの実際的な意味に焦点を絞っています。後半は、その礼拝から生まれる教会の使命と一致に関する様々な問題を取り扱っています。結局のところ、大聖堂は世間からの隠れ家ではなく、祈りと預言の場であり、神の光を世界に照らす灯台です。大聖堂は神の恵みの福音の、豊かで力強い象徴として設計されています。

大聖堂がこれを実現するための具体的で最良の方法の一つは、礼拝と証しの両方で、神から与えられた音楽の賜物を活用することです。それゆえ、大聖堂や他の所で、人々が生ける神への崇敬と賛美の思いを胸に抱き、神への愛と奉仕の心をもって神に応えられるよう、特別な使命を帯びた人々に、この本をささげます。教会音楽家はときに悪評を受けます。聖職者からは頑固で扱いにくいだとか（もちろん聖職者自身は決してそうではありませんが）、一般の人々からは時代遅れであるとか、あるいは、流行に流されすぎであると悪評を買っています。幸いなことに、オルガニストであり聖歌隊指揮者であるアンドリュー・ラムズデンから最年少の聖歌隊員に至るまで、現在活動している音楽奉仕者の方々にはこれらのことがいっさい当てはまらないことを、私は喜んで報告したいと思います。それどころか、彼らはリッチフィールド大聖堂のモットーである *Inserri Deo et Laetari*（神に仕えなさい。そして、喜びなさい！）を体現しています。

日々の礼拝や週ごとの礼拝を真剣に執り行うには資金が必要です。この本の収益はすべて、地元共同体《コミュニティ》、リッチフィールド教区全体、そしてより広い世界と教会に奉仕することを目指す大聖堂の音楽活動の維持と向上のために使われます。この本が、ほんの少しでも礼拝の手助けとなることを願っています。

リッチフィールド大聖堂

トム・ライト

# 目次

## 第Ⅱ部　神のイメージを世界に反映する

＊本文の日本語聖書は主として『聖書新改訳２０１７』を用いています。
＊文中の〔　〕は、訳注および訳者による補足です。

# 第Ⅰ部　賛美を受けるにふさわしい神

# 第1章　礼　拝

今週、皆さんが経験したことで最も美しいと感じたものは、何でしょうか。耳にしたものでしょうか。教会や大聖堂で流れていた美しい音楽だったかもしれませんね。それとも自然の中で目にしたものでしょうか。霧の中に差し込む陽の光に照らされた、紅葉した木の葉の輝き。木の実をかじるリスの丸まったしっぽかもしれませんね。あるいは、何かの匂いでしょうか。バラの香りや空腹どきの食を誘う料理の匂いだったかもしれませんね。

もしくは、実際に口にして味わったものでしょうか。極上のワインの味。特別のチーズ。しっかりと味付けされ、上手に調理された、いつもの料理かもしれませんね。

それとも、職場で経験したことでしょうか。突然物事がうまくまとまって、思いがけなく新しいチャンスに恵まれたでしょうか。

人間関係の中で経験したことかもしれませんね。愛する人からの静かで温かなまなざし。子どものふんわりした柔らかな手。

そのときのことをもう一度思い返して、自問してみてください。そうした美の体験は、自分に何をもたらしたか、と。

こうした経験は私たちを豊かにしないでしょうか。豊かにしてくれますね。心を温めてくれないでしょうか。温めてくれますね。私たちに活力を提供してくれないでしょうか。提供してくれますね。そして元気を与えてくれないでしょうか。与えてくれますね。そして、私たちをいくらかへりくだらせてくれます。このような美しさは、私たちが自らもたらしたものではありませんし、自分で作り出したものでもありません。それはただ起こったことであり、私たちに起こったことなのです。そうですよね。

この美しさは皆さんから何を呼び起こすでしょうか。

感謝の気持ち、もちろんそうでしょう。喜び、当然でしょう。そして畏敬の念、それもおそらくあるでしょう。はるか遠くにあるもの、手の届かないところにあるものへの憧れの気持ちが呼び起こされるでしょう。けれども、皆さんにとって美の経験が美味しい料理の香りであったとしたなら、それがずっと手が届かないところにあるなどということは決して望みませんね。

さて、礼拝についてはどうでしょうか。

美しいものは、皆さんから礼拝したいという思いを呼び起こすでしょうか。

私たちは、神以外のものや人々に対する態度を表現するのに、「礼拝」という言葉を使うことはあまりありません。私たちがこの言葉に出くわすのは唯一、英国国教会の『祈禱書』にある「結婚の儀」においてです。夫になる男性が、妻になる女性に対して「私の体をもってあなたを『礼拝』します」と宣言するのですが、これはこれでまったく適切であると私は考えています。もちろん、聖書には、神以外のものや人物を決して崇拝してはならないという戒めがあります。しかし、「礼拝」(worship)という言葉は、文字どおりには、「価値がある」(worth-ship)という意味です。何かに価値や真価を認め、その真の価値を尊重することです。そしてそのことが私たちを、庭のリス、オーブンの中のステーキ、聖歌隊の歌声、子どもの手から、それらすべてを最初に造られた方へと導く道筋となるのです。

私は礼拝について語りたいと思っています。そしてそれは、神について、神の美について話すということです。私たちが真に神を礼拝しようとするなら、神の偉大さや威光、神の力や主権、神の聖《きよ》さや絶対的な超越性のことを考えるだけでは十分と言えません。それらはすべて物語の一部として非常に重要です。けれども、私たちは通常、それらを指して「美」という言葉は使いません。この章では、私たちが日常的に経験する美について、それが私たちに与えられた一つの手がかりであり、出発点であり、道標であることを示したいと思います。そこから私たちは神の威光だけでなく、神ご自身の美をも認識し、垣間見、圧倒され、崇拝し、礼拝するに至ります。私たちが自然界の美しさを「礼拝」という言葉で表現することがあまりないように、神を「美」という言葉で表現することもほとんどありません。そのことは私たちにとって損失であって、それを回復させるべきであると私は考えています。

なぜ私は礼拝について話したいのでしょうか。おもに二つの理由があります。第一に、聖書には、私たちの国籍が天国にあると語っているいくつかの重要な箇所があり、その言葉が、常に喜びをもって礼拝をささげる現実的な経験として描写されているからです。ヨハネの黙示録に記されている数えきれないほどの大勢の群衆は、クリケットに興じてはいません。買い物にも行っていません。礼拝をささげているのです。つまらなそうに見えますか。もしそう見えるとしたら、それは、私たちの礼拝に対する考えがいかに貧しくなっているかを示しています。その礼拝の中心には、イザヤ書三三章にあるような一節が位置しています。「あなたの目は麗しい王〔訳注＝英訳では、王の美〕を見、……主は私たちをさばく方、主は私たちに法を定める方、主は私たちの王、この方が私たちを救われる」（一七、二二節）と。礼拝は天国での生活の中心的な特徴であり、その礼拝は、イエスにおいて、イエスとして私たちが知る神を中心としているのです。

私が礼拝について語りたい二つ目の理由は、礼拝が教会の中心的な働きであり、特に大聖堂では重要だからです。カンタベリーとヨークの大主教が、英国の大聖堂に関する報告書を作成する委員会を創設し、それが一九九四年に『遺産と更新』（*Heritage and Renewal*, London: Church House Publishing）というタイトルで出版されました。この報告書では、大聖堂の営みの様々な側面が取り上げられています。細部はどうであれ、その中心には非常に的を射たことが記されています。もちろんこれはどこの教会にも当てはまるでしょうが、大聖堂の存在の目的は礼拝と宣教である、と明言しているのです。この二つは表裏一体であり、礼拝と宣教を可能にし維持するための重要な手段としての管理（「運営」とも呼ばれます）があることも強調しています。「大聖堂の機能において、礼拝が最も優先されるということについては一致している。……これらの偉大な建物は神の威光を現すものであり、生きた信仰の場である」（八ページ）。委員会は、あらゆる宣教の機会と管理要件の中心においては、「世界における神の主権を日々証しするもの」としての礼拝に第一義的に重きを置くことを強調しています（一五ページ）。これは、社会における大聖堂の役割と直接結びついており、常に宣教的な意味合いを持っています。「礼拝の第一の目的である神に栄光を帰すことにおいて、参列者らは、その栄光の輝きを垣間見ることができるのである」（一七ページ）。大聖堂における日々の礼拝は「何世紀にもわたる教会の祈りと賛美の中心的な柱であり、大聖堂だけでなく、教区、地域社会、国家の霊的な鼓動でもある」（一八ページ）。実際、これらの建物が単なるテーマパークや博物館にならないでいられるのは、神への礼拝があるからです。「礼拝の温かな炎が燃え続けていなければ、これらの優雅な建物は古い時代の記念碑になり、人々のたましいにいのちを与える生きた神殿ではなくなってしまうだろう」（一七三ページ）と、委員会は報告書の最後のまとめとして記しています。

したがって教会は、私たちの教会生活で何が最も中心であり、最も重要で、要《かなめ》であるかを時折見直す必要があります。たとえ私たちが人の異言や御使いの異言で歌っても、生ける神を真に礼拝していないなら、それは騒がしいどらやうるさいシンバルと同じです。たとえ典礼を美しく整えても、それが生ける神を礼拝することを可能にしないならば、私たちは劇場のバレエダンサーと同じになります。たとえ床を張り替え、石造りを新たにしても、たとえ予算を組み、多くの観光客を魅了しても、神を礼拝していなければ、私たちは無に等しいのです。

礼拝はへりくだりであり、喜びです。礼拝は神を覚えるときなので、礼拝していること自体も忘れさせます。礼拝は真理を神の真理としてたたえるのであり、真理自身をたたえるのではありません。真の礼拝は人に見せびらかしたり、騒いだりしません。真の礼拝は強制されるものではなく、心が入らない中途半端なものでもなく、時計を見続けたり、隣の席の人が何をしているのかを気にしたりする時でもありません。真の礼拝は神に心を開き、神を崇め、神を待ち望み、暗闇の中にあっても神を信頼するのです。

礼拝は決して絶えることがありません。建物なら、やがて崩れます。委員会なら、やがて眠りに落ちます。予算なら、やがて何の足しにもならなくなります。私たちは今の時代のために建て、今の時代のために話し合い、そして今の時代にお金を払います。しかし、来たるべき時代が到来すると、今の時代は過ぎ去ります。今、私たちは鏡にぼんやり映る神の美を見ていますが、そのときには顔と顔を合わせて見ることになります。今、私たちは一部分しか知りませんが、そのときには、私たちが完全に知られているのと同じように、私たちも生ける神を完全に知ることになります。ですから今、私たちの務めは礼拝、宣教、管理、これら三つです。しかし、それらの中で一番すぐれているのは礼拝です。

「愛」を「礼拝」に置き換えて、コリント人への手紙第一、一三章の模倣をつくり出すのが、なぜこんなに簡単なのかおわかりでしょうか。礼拝は、愛する方の前でひざまずく愛以外の何ものでもないからです。同じように、宣教は、立ち上がって、愛する方に仕える愛であり、礼拝のクライマックスであるユーカリスト〔聖餐式、主の晩餐〕は、愛する方を抱きしめ、仕えるために力を与えられる愛だからです。

しかし、このことは皆さんが礼拝している対象が真の神である場合にのみ当てはまります。私は少し前に、ある人と話をしましたが、その人はこう言いました。「私は以前には神を信じていました。けれど、成長するにつれて、空の彼方《かなた》にいる老人のことなど考えられなくなっていきました。この世界の痛みや苦しみから遠く離れたところにいる老人のことなど……」と。私は言いました。「私だってそんな神なら、信じませんよ！　私が信じている神は、この世界の痛みや苦しみのただ中にいる神です。十字架にかけられたイエス、世界の痛みと罪と苦しみを共有し、背負ってくださるイエスでないとするなら、私は、天においても地においても神がいったいだれなのかがまったくわかりませんよ。」　そうです。もし皆さんが神は空の彼方にいて、この世界の現実からまったく切り離された存在であると考えるなら、皆さんのささげる礼拝は、ただ威光を遠くから眺めているだけのものです。それは、高貴な人がこちらには目もくれず馬に乗っている間、耕作中の少年が〔とりあえず敬意を表して〕帽子を脱いでいるようななものです。もし皆さんがあの私の友人のように、別の道へ進み、「神」という言葉は私たち自身の中にある善の衝動を指しているとしか考えないなら、本当の意味での礼拝の感覚を持ち続けることはかなり難しいでしょう。そのままにしているならば、皆さんは、自分自身が高貴な者であると思っている耕作中の少年なのです。しかし、もしイエスというレンズを通して神の美を垣間見るならば、皆さんは礼拝の意味がわかるようになります。なぜなら、愛されているとはどういうことなのかがわかるようになるからです。

このように考えてみましょう。神についての皆さんの考え、キリストが与えてくださる救いについての皆さんの考えがきわめて漠然としたものであるならば、礼拝についての考えも曖昧で形をなさないものとなるでしょう。皆さんが真理に近づけば近づくほど、美しさはより鮮明になり、皆さんの中に礼拝する心がますます湧きあがってくるでしょう。だからこそ、神学と礼拝は切り離せないのです。神学は頭の中だけの思索ではなく、礼拝は感情だけのものではありません。

最近、このことをよく示す驚くべき証言を読みました。ジェイソン・リチャーズという人のもので、彼は当時、パークハースト刑務所で殺人罪で終身刑に服していました。以下はその証言の一部です。

刑に服してまだ日が浅かったので、私はとても混乱していました。……私は非常に強い罪悪感を抱いていて、どこかに答えがないか探していました。たくさんの本を読みました。仏教の本を読み、イスラム教の本も読みました。そして聖書も読み始めました。聖書を読むほど、神のことがわかるようになっていきました。

私は神を信じていたわけではありません。実際まだ無神論者でしたし、少なくともそう思っていました。しかし、徐々に神の存在を信じるようになったのです。そして、神のことがわかればわかるほど、自分が罪人であることを自覚するようになり、そしてさらなる絶望感にさいなまれるようになりました。

そしてある夜のことです。……私は聖書を開き、詩篇を第一篇から読み始めました。そして、五〇篇と五一篇を読んだとき、神が私を赦してくださることがわかるようになりました。そのときは［なぜ詩篇五一篇が書かれたのか］わかりませんでした。けれども、私が知ったのは、『私の救いの神よ／血の罪から私を救い出してください。／私の舌は あなたの義を高らかに歌います』〔一四節〕ということでした。

神は私を赦してくださると知りました。……私は、イエスのことも聖書も教会のことも何も知りませんでした。でも、わかったのです。そして、残りの詩篇をすべてひざまずいて読みました。そのところから詩篇はほとんど賛美の詩篇になりました。私は礼拝を始めたようでした。礼拝が何であるかは知りませんでしたが。

ある面で、最後の一文は確かに本当のことです。彼は、辞書に載っている「礼拝」という言葉の意味を知りませんでした。おそらく最初は礼拝という言葉さえ使わなかったでしょう。しかし、彼は礼拝とは何かを知っていたのです。なぜなら、生ける神、愛する神、美しい神に出会ったからです。詩篇の作者が語る神に出会ったからです。

一つのことを私は主に願った。
それを私は求めている。
私のいのちの日の限り　主の家に住むことを。
主の麗しさに目を注ぎ
その宮で思いを巡らすために。〔二七・四〕

神の美しさは、愛の美しさです。創造における愛、罪によって損なわれた世界を再び造り変える愛です。この愛こそ、この世のすべての美の理由です。私たちの称賛、感謝、畏敬の念を呼び起こす美、ささやきや手がかり、示唆や光の明滅。それらはすべて、美しい世界は偶然の産物ではなく、その背後に愛の神がおられることを信じるように促しているのです。目を造った方は見ておられないでしょうか。耳を造った方は、お聞きにならないでしょうか。すべての美を創造した方は、ご自分も美しいのではないでしょうか。創造主にのみささげられるべき礼拝を、被造物にささげる人はわざわいです。手がかりを読み取れない人、隠された意味を聞き取れない人、経験してもその意味をとらえきれない人、海の波間の静寂の中に聞こえるかもしれないものに耳を貸さず、気に留めようとしない人はわざわいです。

聖アウグスティヌスは、物質世界への愛は神への愛とまったく異なるものであるという有名な言葉を残しています。それでも、物質世界に対する私たちの愛は、神への愛を示すためのしるしであり、表現であるとも言います。そして、私たちがこのようにしてこの愛を語ることを躊躇する必要はないというのです。世界は神の被造物であり、その美しさは神の美しさをしっかりと、暗示的に指し示しているからです。アウグスティヌスはこう記しています。

それにしても、あなた〔神〕を愛するとき、私は何を愛しているのでしょうか。物体の美しい形ではなく、過ぎゆくもののおびる魅力でもありません。肉眼に親しまれる光の輝きではなく、あらゆる種類の歌曲がもっている甘美なメロデイの歌でもありません。花や香油や香料の発するよい香《かお》りではなく、マナや蜜の味でもなく、肉の抱擁にこころよい肢体《したい》でもありません。神を愛するとき、私はこれらのものを愛しているのではありません。

それにもかかわらず、神を愛するとき私は、一種の光、一種の声、一種の香気、一種の食物を、一種の抱擁を愛しています。わが神は、わが内なる人間にとっての光であり、声であり、香りであり、食物であり、抱擁なのです。そこでは、いかなる場所にもとらわれない光が心を照らし、いかなる時にも奪いさらない音がひびき、いかなる風にも吹き散らされない香がただよい、食べてへることのない味わいと、飽きてはなれることのない抱擁とがあります。神を愛するとき、私が愛しているのはまさしくこのようなものです。(『告白』第十巻第六章〔山田晶訳、中央公論社、三三四ページ〕)

よくオスカー・ワイルドの言葉が引用されます。皮肉屋は、あらゆるものの価格を知っていながら、価値については何も知らない、と。私たちは、「価値」が「価格」を意味し、「価格」がお金を意味し、お金が権力を意味する皮肉屋の時代に生きています。しかし、イエス・キリストの福音は、世に価値を取り戻し、価格を超えた価値、この世の力を超えた価値をもたらします。イエス・キリストの福音は、神を礼拝し、神の価値を宣言せよと、私たちを招いています。唯一まことの生ける神の前に私たちのいのちを差し出し、神のすべての価値のゆえに神を礼拝するように呼びかけています。この偉大で愛に満ちた神に、神にふさわしい栄誉と礼拝と愛をささげましょう。創造の秩序の素晴らしさ、価値、真の価値を、神の賜物、神の手によるみわざとしてたたえましょう。その祝いの場で、目をもう一度神ご自身に、その栄光と美しさに向けましょう。

これがまさにユーカリスト〔聖餐式、主の晩餐〕で行うことです。この自然界のシンボルは、天界を表すものとなり、私たちがその民として召されていることを表すものとなります。そして、彫刻を施した石や色ガラス、高らかに鳴り響く音楽、厳粛な儀式で、この感動的な美の瞬間を取り囲み、祝うのはまったくふさわしいことです。私たちが造られたのは、礼拝をささげるためです。教会や大聖堂のような建物が造られたのは、礼拝をささげるためです。このことを正しく理解すれば、私たちは正しい精神と正しい理由をもって、宣教と管理という任務に取り組むことができます。聖なる美をもって主を礼拝しましょう。全地よ、この方の前におののけ。

# 第2章　これらのことはすべて、神のみわざです

私たちは礼拝から仕事に意識を向けると、神について考えることをやめて、自分自身のことばかりを考えるようになりがちです。しかし、そうであってはならない、と聖パウロはコリント人への手紙第二の五章一一～二一節の崇高な言葉で述べています。「これらのことはすべて、神のみわざです」（一八節、英訳）と。

私たちだけが礼拝式というゲームを行っているわけではない。熱狂的な者らが、あたりを混乱させているわけではない。自分たちの意図を人々に押しつけているわけではない。私たちがなしているのは、神のみわざなのだ。

こんな主張はもちろん、ばかげています。神はご自身でご自分のみわざをなさっているのです。私たちはそれにいくらかは関わっていると主張できるのでしょうか。

私たちはどんな神について語っているのでしょうか。高潔で遠い存在であり、決して自分の手を汚すことのない神でしょうか。そのような神をたたえるために、偉大な大聖堂は設計されたのではありません。自然のプロセスとされる神でしょうか。宣教師たちが最初に世界へ出て

行ったのは、そのような神を伝えるためではありませんでした。私たちがここで礼拝する神は、犠牲を厭《いと》わない愛の神なのです。パウロはこう書いています。「キリストの愛が私たちを捕らえているからです。私たちはこう考えました。一人の人がすべての人のために死んだ以上、すべての人が死んだのである、と。キリストはすべての人のために死なれました。それは、生きている人々が、もはや自分のためにではなく、自分のために死んでよみがえった方のために生きるためです」〔一四～一五節〕。言い換えれば、最初のキリスト教の共同体《コミュニティ》がイングランド中部に設立された七世紀と、二十世紀後半の暗い時代に多くの人々が想像した神とは異なる神がおられるということです。真の神とは、人となり、死んでよみがえることで、人としての新しいあり方、礼拝と愛のあり方を示されたお方です。パウロは言います。キリストが死んだのは、私たちが神の誠実さを体現するためである、と。「これらのことはすべて、神のみわざです。」

そうでなければ、大聖堂のような建物は、かなわぬ夢のために建てられた高価な記念碑にしかすぎません。そして、そんな建物の中で私たちがすることといえば、目を覚まして現実に向き合うよりも、夢を見続けるために、ベッドの上で上手に寝返りを打つことだけでしょう。しかし、もしイエス・キリストにおいて私たちを圧倒するような愛を持っているのが真の神であるならば、もしそのことが真実であるなら、それにふさわしい応答は祝祭です。この神こそ和解する神であり、癒し主だからです。祝祭と癒し、これこそが大聖堂の目的なのです。

「これらのことはすべて、神のみわざです。」祝祭は何にも代えがたいものです。現代の西洋の私たちはなぜ祝うのかを忘れてしまったため、どのように祝ったらよいのかを忘れてしまいました。山ほどの料理、たくさんの飲み物、そして子どものようなふるまいは、真のお祝いから見たらまったくの茶番です。けれども、私たちを造ったお方が、私たちを愛しているお方であることを忘れてしまえば、確かにそうするしかないでしょう。それこそが、イザヤ書三五章で述べられている捕囚の民、イスラエルの状況でした。イスラエルは神の民となるよう召されましたが、捕囚生活ですべて気の抜けた状態になってしまいました。私たちの社会の人々は、自分たちが神のかたちを映し出すように造られていることを本能的に理解していながら、自分が捕囚の身であり、空虚で、生気がないように感じています。それゆえ、クリスマスや新年のテレビ番組に見られるような、わざとらしい軽薄なお祝いを好むのです。その雰囲気を、イザヤが捕囚の民に示したものと比較してみましょう。

荒野と砂漠は喜び、荒地は喜び躍り、
サフランのように花を咲かせる。
盛んに花を咲かせ、歓喜して歌う。……
彼らは**主**の栄光、私たちの神の威光を見る。……
贖われた者たちだけがそこを歩む。

主に贖われた者たちは帰って来る。
彼らは喜び歌いながらシオンに入り、
その頭にはとこしえの喜びを戴く。
楽しみと喜びがついて来て、
悲しみと嘆きは逃げ去る。〔二～二、九～一〇節〕

私たちの神が、私たちを愛して新しいいのちに生きるように導いてくださる方であることをあらためて理解するとき、どのように祝うべきかがわかります。真の祝祭は真の人間性を維持します。そして、生ける神を垣間見ることで、私たちは神の似姿に変えられていくのです。ですから、この福音に捕らえられた人々が大聖堂を建てたことは驚くべきことではありません。神がどんなお方であるかを忘れてしまった人々は、コンクリートジャングルや、段ボールの街〔訳注＝路上生活者が多く暮らす街〕を生み出してきました。神がどんなお方であるかを思い起こしたり再発見したりする人々は、神の栄光のために大聖堂を建て、貧しい人々のために家を建てます。リッチフィールドの町にはその両方があり、祝いと癒しの中で共存しています。現代社会の人々は束縛され、息苦しさを感じており、醜悪と騒音に蝕《むしば》まれています。それで、美、光、音楽に飢えています。私たちが素晴らしい大聖堂をたたえ、これを維持するのは、「文化遺産産業」の下部組織だからではありません。誠実な人々に真実の神について語るためです。私たちが伝えるのは、人間には別のあり方があるということ、礼拝と神秘と静寂と光と空間が本来の役割をすべて果たすようなあり方があるということです。

あちこちで流れているＢＧＭや、耳障りな都会の騒音を容赦なく浴びせられている時代にあっても、私たちは、これまでに作られた偉大な音楽によって神の愛をたたえる機会を得ています。そうすることで、私たちは音楽家組合の下部組織にならず、誠実な人たちが自分の力を超えた礼拝のリズムにとらえられ、他の音楽スタイルでは届かないところをリフレッシュできるような状況を生み出すのです。「これらのことはすべて、神のみわざです。」神が触れてくださるとき、美は無から湧き出ます。だからこそ、私たちは祝うのです。そして、芸術、建築、音楽、フラワーアレンジメント、神学研究など、神が私たちに与えてくださったすべての贈り物が、賛美のささげ物の中に組み入れられます。それこそが大聖堂の目的です。これらのことはすべて、神のみわざなのです。

しかし、祝祭は始まりにすぎません。そしてある意味で、それは物語の最も重要な部分ではありません。初めてリッチフィールド大聖堂を案内されたとき、最も強く印象に残ったのは、建物自体が長年にわたって受けた苦難と痛みでした。その傷跡がまだ残っていました。継ぎ合わせたところは今もわかり、ある時代に破壊されたところが次の時代になって修復されたことを物語っていました。リッチフィールドはイングランド内戦中に他のどの大聖堂よりも苦難を受けました。軍事拠点や厩舎《きゅうしゃ》として使用され、その過程で中央の塔を失いました。また、虐殺や暴力の話も伝えられています。宝物が略奪され、特に初代司教チャド〔?~六七二年〕の遺品も持ち去られました。建物から、さらに視野を広げてみると、リッチフィールド教区は、霊的・牧会的な必要性からというよりも、政治的なもくろみによって見直しを迫られ、様々なアイデンティティの危機に見舞われてきました。また、チャプター（参事会）と聖歌隊の歩みも、先人たちの愚かさと信仰を露呈しています。キリスト者の敬虔さと知恵の完璧なモデルとは程遠い首席司祭（ディーン）たちがいたことも報告されています。もちろん、ここには悪意ある伝承がいくらか入っていると言う人もいます。

だとしたら、どうなのでしょうか。これらすべてに目立たないようにベールを引いてしまうべきでしょうか。過去はそっと忘れて、今ある建物と音楽を楽しむべきでしょうか。いいえ。そんなことをすれば、そこは美術館やコンサートホールのような場所になってしまうでしょう。むしろ、そのような建物を建て上げている一つ一つの石そのものが、人間の怒りを受けとめ賛美へと変えてくださる神のことを——キリスト者の愚かささえも受けとめ、知恵に変えることがおできになる神のことを——ご自分の名においてなされた邪悪なことを受けとめ、そこから回復と和解、そして新しいいのちをもたらす神のことを——語っている、という事実を受け入れるべきなのです。もしイエス・キリストの福音が、そのようにしてくださる神についてのものでないなら、私たちにとって福音は何の役にも立ちません。この建物は、私たちが聞くべき言葉、イザヤが捕囚の民らに告げた言葉を体現しています。

そのとき、目の見えない者の目は開かれ、
耳の聞こえない者の耳は開けられる。
そのとき、足の萎えた者は鹿のように飛び跳ね、
口のきけない者の舌は喜び歌う。
荒野に水が湧き出し、
荒れ地に川が流れるからだ。〔イザヤ三五・五〜六〕

リッチフィールド大聖堂が人々を銃撃するのに好都合な場所だったというのは由々しき問題です。またチャールズ二世〔一六三〇〜一六八五年〕の下で修復されたというのはやや不確かなことです。私たちの教会の歴史に論争や争いが絶えないのは確かに恥ずべきことです。けれども、一つのことをしっかり押さえておきましょう。聖チャドは人々に「すでに十分善行を行っているなら、神は喜んで味方になってくださる」と伝えるためにリッチフィールドにやって来たのではありません。私たちが大聖堂で保管している八世紀の『リッチフィールド福音書』〔訳注＝インシュラー体と呼ばれる書体で書かれた装飾福音書写本〕が素晴らしく装飾されたのは、神の民に落度がなければ神はご自身の王国を到来させるだろうと書かれていたからではありません。そうではなく、チャドがリッチフィールドに来た理由、そして古代の筆記者があのよう

るそれらの福音書の中にある、な貴重なページに技巧を凝らした理由は、非常に単純なことです。それらの福音書の中にある、メッセージがことさらに貴重だからです。そのメッセージとは、真の神は、私たちの傷ついたところを引き受け、キリストにおいて新しくしてくださるというものです。神は、私たちの人生の破れ、そう、神に従おうとする私たちの混乱した思いをも引き受け、それらを新しい形に修復してくださるというものです。傷ついた人々を癒し、病気を癒す薬を与えてくださるというものです。そしてあらゆる病と死を超えた新しいいのち、復活のいのちを約束するというものです。ここで祝うとは、正確に言うと、教会の素晴らしい業績を祝うのではなく、あなたや私のような人をはじめ、ボロボロに破壊された建築ブロックで教会を建て上げるという神の癒しの力を祝うということです。祝祭と癒し、これらのことはすべて、神のみわざです。

継ぎ目がまだ目立つとしたら、どうでしょうか。修復の跡がまだ残っていたら、どうでしょうか。もし私たちが、半分は元通りになり、半分はまだ壊れたままという痛みを背負って生きていくとしたら、どうでしょうか。もしアイデンティティの危機に瀕したら、また、もし曖昧さを抱えて生き、一夜にして解決できない問題に直面したら、どうでしょうか。しかしそれがまさにキリスト者であるということではないでしょうか。パウロが続けて言うように、私たちは人をだます者のように見えても、真実であり、死にかけているようでも、見よ、生きており、悲しんでいるようでも、いつも喜んでおり、貧しいようでも、多くの人を富ませ、何を持っていないようでも、すべてのものを持っています〔Ⅱコリント六・八～一〇参照〕。パウロは、時折起こる非常事態のことを言っているのではありません。これがキリスト者の通常のありようなのです。

人々がこうしたことを忘れているからこそ、今日、多くのばかげたことが語られ、書かれるのです。英国では時折、一部のジャーナリストが、英国国教会は腰抜けだと嘲笑して楽しんでいます。私たちは希望がないほどに分裂し、破滅に向かっており、舵のない船のように迷走し、教会の指導者たちは当惑し、国民は混乱している、と言っています。彼らが引き合いに出す証拠はおおかた、ジャーナリスト同士での引用であり、教会の自称スポークスマン（たいてい男性）たちからのものです。

こうした人々はいったいどの世界に住んでいるのでしょうか。聖書のどこに、教会が財政問題、教理上の論争、リーダーシップの問題、個人や集団の不安などから自由になれると書かれているでしょうか。歴史上のどこにそのような教会があったでしょうか。神学のどこに、神はそのような完璧さを求めておられると記されているでしょうか。パウロのコリント人への手紙第二に戻って見てみると、こうした問題がまさに彼の関心事であったことがわかります。そして、パウロはコリントの読者に対して、あら捜しをして批判するのではなく、愛の力をもって語ります。コリントにいる彼らが何とみすぼらしい運命にあるかと嘲笑するのではなく、イエスの福音をもって語りかけます。冷笑するのではなく、十字架をもって話しかけます。

他の多くの教会と同様に、大聖堂は十字架の形をしていますが、それは、キリストの十字架が福音のすべてであることを私たちに思い起こさせてくれます。祝祭を生み出し、癒しをもたらすのはこの十字架です。これらのことはすべて、神のみわざです。十字架は、汚れた仕事をさせるために他のだれかを送り込んだのではなく、自らやって来てその任務を果たされた神のことを語ります。私たちの間で生きて死んだ神、そして今、私たちに同じ使命を委ねてくださる神のことを語ります。十字架のゆえに、キリスト者であること、教会であることは、私たちがすべてを成し遂げたということではありません。神がすべてを成し遂げられたということなのです。パウロが言うように、私たちは神の愛に捕らえられている者であるにすぎません。大聖堂は、浮ついた権力と名声の勝利の象徴ではありません。苦しむ神の愛の契約のしるしであり、しもべなる王に敬意を表して石で造られた交響楽団なのです。

そして、継ぎ目がまだ目立つとしても、修復の跡がまだ残っているとしても、だからどうだというのでしょうか。私と話をしたジャーナリストたちは、少しの間でも、快適な大都市を離れて、ここに来るべきです。私たちと一緒に礼拝し、数日間私たちと生活を共にし、教区を回って、コンクリートの間から生え出ている新緑の芽を見るべきです。目の見えない人が見、足の不自由な人が歩き、口のきけない人が喜び歌う姿を見るべきです。大聖堂を母教会とする教区は、炭鉱で失業した人々のところにあり、彼らとともにあります。地方は政治家に忘れられるかもしれませんが、教会には忘れられていないことを見てください。ここで叙階された司祭たちが、ウォルソールやウルヴァーハンプトンの通りの人々とともにどのように働いているかを見てください。イエスの名を呼ぶすべての人とともに、私たちが喜んで十字架の道を精いっぱい歩んでいるのを見てください。もちろん、私たちは様々な問題で苦悩しています。もちろん、途方に暮れるときもあります。だから何だというのでしょうか。イングランドの中心に、神の癒しの愛を語る石の建物があることを、来て、見てください。その建物の中心に、その愛を祝う芸術作品がどのページにも描かれている書物があることを見てください。そして、その書物の周りには、その書物が語るお方に身をささげる人々の共同体《コミュニティ》があり、その人たちは自分自身のためではなく、死んでよみがえった方のために生きるように召されていることを自覚しています。死んでよみがえったこの方こそ私たちの神、しもべなる王です。この方は今、私たちにご自分に従うように呼びかけておられます。

もし私たちがそのように人を招くのであれば、私たちの当面の課題は、この共同体《コミュニティ》が得意としていることを強化することです。この大聖堂に、そしてどの教会にも、痛みや恐怖を持つ人、罪悪感や悲しみを持つ人が訪ねて来ます。また、多くの人たちがここに来て、歓迎され、愛され、支えられていると感じたと証しします。それは素晴らしいことであり、私はそのことを神に感謝しています。人々は今日、非礼や暴力さえも当たりまえだと思うようになりました。親切や優しさ、また自分が重要な存在であると認められることを渇望しています。人々は、人間としての別のありようがあること、真の神が、十字架の癒しの力と、いのちを与える御霊の息吹で自分をありのまま抱きしめてくださることを教えてもらう必要があります。そのように人々を歓迎するのが私たちの働きです。なぜなら、これらのことはすべて神のみわざであり、神は私たちにそれを共に行うように招いておられるからです。

ですから、パウロの言葉を借りれば、私たちはキリストの使節となるべきです〔Ⅱコリント五・二〇参照〕。私たちは自分で完全になる必要はありません。十字架においてイエスは私たちの罪を取り扱い、その後、私たちを通して働き、私たちが出会うすべての人々、ここを訪れるすべての人々に対して神の救いの忠実さを体現できるようにしてくださいます。そして真に神秘的なのは、私たちがそれを私たちの勝利の中で成し遂げるのではなく、私たちの悲劇的な出来事の中で行うということです。私たちの強さではなく、私たちの弱さの中で行うということです。私たちの成功ではなく、私たちの失敗の中で行うということです。現実の世界では、傷を癒すのは傷を負った人です。だからこそ、この大聖堂の波乱万丈の歴史は、福音を雄弁に物語るのです。祝祭と癒し。ここは真実に対して目が開かれる場所です。長い間耳が聞こえなかった人々が愛をもって語られる自分の名前を聞く場所です。歌を忘れていた人々が、黙しているこことのできない喜びを見いだす場所です。そして、私たちがこの福音によって生きるとき、ここを訪れる観光客は自分が巡礼者になっていることに気づくかもしれません。写真家は一瞬手を止めて、真の美を垣間見るかもしれません。音楽家は、夢にも思わないようなハーモニーを聞くかもしれません。そして、歴史家は、死者と生者の主であるお方と対面するかもしれません。ですから、祝祭が癒しにつながるように、癒しは祝祭に戻るのです。これらのことはすべて、神のみわざです。そして、それに召されていると知った人々は、ただこう言うでしょう。

「神に仕えなさい。そして、喜びなさい！」

# 第3章　私が欲する神

数年前に古本屋で立ち読みをしていたときに、今でも考えさせられるタイトルの本に出会いました。けれども、私はその本を買いませんでしたし、これまで読んだこともありません。ですから、ひょっとしたらそのタイトルと著者に対して誤解しているかもしれません。しかし、そのタイトルは今日、数多くのキリスト者をはじめたくさんの人が共有している、ある姿勢を要約しています。そのタイトルとは、『私が欲する神』です。そのタイトルが浅はかで、結局のところ自滅的であるというのがその時の印象でしたし、今もそれは変わりません。

私が欲する神？　私に言わせれば、私が欲する神とは、私が欲しいものを何でも与えてくれる神であるということです。その神――というよりはそれ――はおそらく私の願望の投影なのでしょう。もっとひどいレベルになると、あからさまな異教の神々や女神を求めるようになるでしょう。これは、（マルクス、フロイト、ニーチェが指摘したように）崇拝する者にお金やセックスや権力を提供する神です。偶像はみな、だれかがこんな神が欲しいというところから始まったものなのです。

もっと高尚なレベルでいえば、私が欲する神とは私の知的な期待に応える神です。つまり、神学的な可能性を十分に考慮し、慎重に検討したうえで、理性的に承認できる神です。私がこのような神を欲するのは、その神あるいはそれが私の知的な尊大さをそのまま引き受けてくれるからです。教養ある現代思想家としての私の意識を高めてくれるからです。結果として、私が神となります。私が作り上げたこの神が、私の操り人形となるのです。だれも自分が欲する神に頭を垂れることなどしません。だれも自家製の神の言葉に震え上がることはありません。だれも、自分の欲する神のゆえに、病人を癒したり、裸の人に着せたり、無知な人に教えたり、飢えた人に食べ物を与えたりするために、外に出て、積極的に活動することはありません。むしろ、自宅でゆったりと過ごしているでしょう。

　ところが、年に一度特別な日があります。その日は、私たちが欲しなかった神を祝います。どうしてそれまでそのように考えなかったのでしょうか。驚くことに、その方は私たちを欲しているというのです。教会暦に三位一体の主日という記念日があります。その日は、この日に至るまでの五か月間に祝ってきた特別なお祝い――待降節、クリスマス、顕現日、レント、聖金曜日、イースター、昇天、ペンテコステ――からは一歩身を引いています。しかしこの日に、私たちは眠たい目をこすって、「神」という言葉が実際に何を意味するのかを見いだすのです。先の一連のお祝いは、ハンマーで土瓶《どびん》を狙いすまして叩き潰すように、私たちが欲する神々、私たちの尊大さや偏見を助長する神々を崩壊させます。そしてそれらの神々に代わって、まったく異なる神が現れます。それは物騒な神、破壊的な神、両手に傷を負った神、目の見えない物乞いのように私たちのもとにやって来る神、風と火、パンとぶどう酒、肉と血をもって私たちのもとを訪れる神です。そしてその神は言います。「あなたがたがわたしを選んだのではなく、わたしがあなたを選んだのです」〔ヨハネ一五・一六参照〕。

三位一体の教理は、正しく理解すれば、「私たちは知っている」と言うのと同じくらい、「私たちは知らない」と言うものでもあります。真の神は三つでありながら一つであるというのは、神がいるのであれば、当然、私たちの小さなカテゴリーにきちんと収まることを期待すべきではないと認識することです。もし私たちのカテゴリーに収まる神なら、それは真の神ではなく、単なる神なるもの、私たちが欲する神でしかなくなります。三位一体という真理は、聡明な神学者が長時間にわたって研究室の中で研究を重ねた結果生み出したものではありません。長い研究の末、今、神を知り尽くした、分析は終わった、これが神である、と台の上に綺麗に並べられたものではないのです。神が台の上に載せられたのは、死んで三日目によみがえられたときでした。それどころか、三位一体の教理は、暗闇の中で前方を指し示す道しるべのようなものであり、こう語りかけています。「わたしを信頼しなさい。そして従いなさい。わたしの愛があなたを守るから。」 あるいはもっとはっきり言えば、三位一体という教理は、まぶしくて目がくらむほど明るく輝く光を指し示す道標であり、その光は、「来なさい。わたしがあなたを光の子どもにしてあげよう」と呼びかけています。三位一体の教理は、真の神について知的に語ることは正しいことであり、適切であることを認める一方で、真の神は、私たちの神理解、私たちの最も知性的な理解さえをも常に超越していることを知的に認めるのです。聖パウロが語るように、重要なのは、神に対する私たちの知識ではなく、神が私たちを知っていてくださるということです。つまり、私たちが欲する神ではなく、私たちを欲する神であるということです。神よ、私たちを助けてください。私たちは自分自身のことを理解できていません。私たちは蛇口から漏れている水のようなものであり、神はナイアガラの滝のような存在です。私たちのそばにいるその大いなるお方をどうして私たちが理解できるでしょうか。

このようなことを考えていくなかで二つの疑問が生まれてきます。最初に、そうであれば、私たちは何か言う必要があるのか、ということです。すべてのことがきわめて神秘的で謎めいているのだから、そのまま認めればよいのではないか。神が三つであり一つであるなら、五つでありながら一つであり、もしくは十五でありながら一つであると言ってもよいのではないか。二番目に、そして最も重要なことですが、私たちが「現実の世界」と呼ぶところにおいて、それはどんな違いをもたらすのか、ということです。

これらの二つの問いは実際には不可分の関係にあります。私たちは何百キロも離れた特定の建物を攻撃する「インテリジェント」（自動制御）ミサイルを作ることができても、平和を実現できるようなミサイルを持っていません。それは、戦争の神々を崇拝して、平和の君を礼拝することを忘れてしまったからではないでしょうか。私たちは人間を月面に立たせることができましたが、一九九四年にはウガンダでツチ族とフツ族の間に立っていた数少ない人々を経済難と政治的理由で撤退させざるをえませんでした。それは、私たちが技術の神々を信じ、また私たち自身の国の安全だけを高める神々を礼拝しているからではないでしょうか。その神々は私たちが欲する神々であり、別の言い方をするならば、カインに次のように呼びかけた神を私たちが忘れてしまっているからではないでしょうか。「あなたの弟アベルは、どこにいるのか」〈創世四・九〉。

つまり、皆さんが神をどのような方と信じるかということが、この神に対する皆さんの反応に違いをもたらし、それと同時に、この世界でどのように生きるかにも違いをもたらすのです。それでは私たちにはどんな選択肢があるのでしょうか。今日の西洋の世界ではほとんどの人が、神とはどこか遠くにいる、私たちと無関係な存在であると言います。この存在についてほとんど知ることができないし、実際に知ることもありません。この世界を造ったかもしれないし、そうでないかもしれない。しかし、世界を造ったと言えば、科学者たちが異議を唱えてくるのではないか、と感じています(たとえ屈指の神学者であり、優れた科学者でもあるケンブリッジ大学のジョン・ポーキングホーン博士がいてもです)。この神は世界に介入することがたまにあるかもしれないし、ないかもしれないが、たいていは介入してこない。実際、その神は私たちに、できるかぎりのことをして、自分で何とか切り抜けるようにと委ねている。それは、自分の利益を優先し、自分なりのやり方で世界を、そして互いを切り開いていくということです。猫は上の階で居眠りし、ネズミ（あるいはクマネズミ）は下の階で勝手に自分の世界をつくりあげているというわけです。

こうして、この遠い存在である「神」は、十八世紀の西洋世界が願った神であり、日曜日の朝の一時間ほどよそよそしく認識され、その週の残りの百六十七時間は無視される神となったのです。どうりで、少し前に実施された調査で、英国にいる大半の人が「神」を信じていると答えながら、教会に通っている人は少数であるという結果が出たわけです。もし皆さんが「神」についてそう信じているのなら――そして、私たちの社会の大多数が今でもそう信じ、（残念なことながら）教会の中にもそう信じている人たちがいるのなら――、礼拝や宗教的祝祭は明瞭さに欠けた儀礼や意味のない雑音となり、ただ気分を少し良くするだけのものとなるでしょう。虐殺が次から次へと起こり、死体をクマネズミが食べ、そしてハトが箱舟に閉じ込められたままになっているのは、不思議なことでしょうか。そのような神が本当に神であると言えるのでしょうか。

問題は、皆さんが「神」と呼ぶ存在をはるか遠く成層圏へ追いやると、もっと身近な他の神々が人々の注目を集めようと騒ぎ出すということです。この世の中には、完全な無神論者はほとんどいません。信仰を持たないと主張する人たちは往々にして、自分がまったく気づいていない他の神々を喜んで崇拝していて、古くからの厳格な神だけを信じていないのです。しかも週に一時間だけというわけではなく、全力でその神々に仕えているのです。私は、戦争の神々、お金の神々、セックスの神々について語ってきました。現代の世界において、文明国とされている地域でも今なお続いている恐ろしい大量殺戮は、何百万もの人々が今なお血と土、部族と人種の神々に忠誠を誓っていることの証拠です。ときに彼らはキリスト教の伝統の一部を引用して、このことを正当化しようとします。けれども、互いに殺し合いを続けているという事実そのものが、彼らが礼拝しているのはイエスでないことをはっきり示しているのです。キリスト教の教理は、知的な代数学の問題ではありません。それは、私たちの日々の行動様式と直接結びついています。もし皆さんが欲し、崇める神々が、下から生まれた神々、つまり部族の神々、権力や富や快楽の神々であるなら、皆さんは自らを、そして邪魔者をすべて滅ぼすでしょう。

しかし、もし私たちが三位一体の教理を真剣に受けとめたらどうなるでしょうか。どのような反応、どのような礼拝が生み出されるでしょうか。また、そうした礼拝では、どのような形態やプログラムが生まれるでしょうか。

この問いに取り組む前に、私たちは次のような問題に向き合わなければなりません。なぜ三位一体という用語を考える必要があるのか、ということです。これは曖昧模糊とした教義で、何年も前の人たちにとっては意味があったかもしれない、ほこりをかぶった考えの寄せ集めであって、今日、私たちが新たに心を開かなければならないものなのでしょうか。

これに対して、G・K・チェスタトンがかつて短くこう答えました。口を開くのと同じように、心を開くのは、確かなものを入れて再びしっかり閉じるためである、と。確かに私たちは自由に問うていくべきです。それでも、良い答えを聞いたなら、私たちはそれを良い答えとして認めなければいけません。また、心を開いた状態を保ちたいあまりに、あらゆる問いに対してオープンにしておくことに固執して、良い答えから目を背けるようなことがあってはなりません。それは知的・霊的な飢饉へと導いてしまいます。

けれども、もっと十分な答えは次のようなものになるでしょう。私は大まかに三つの段階に分けて論じようと思います。もちろん、詳細に説明するには組織神学の全コースが必要となるでしょう。

第一に、キリスト教において教理は非常に重要です。キリスト者は、肌の色や性別、住んでいる場所、そして驚くべきことに品行の良さによって定義づけられるわけではありません。また特定の信仰的感覚によって定義づけられるのでもありません。彼らがどのような神を礼拝するかによって定義づけられるのです。それで、毎週の礼拝において信条を唱えるわけです。私たちはこの神を信じる者として定義づけられているのです。教会に関するその他の定義はすべて、歪められる可能性があります。それゆえ、私たちは神学を必要とし、教理を必要としています。なぜなら、それらがないと、他の何かがそれらに代わって入り込んでくるからです。それらは、私たちを偶像礼拝へと導くでしょう。

第二に、これはよく間違われるのですが、三位一体の教理はユダヤ教の一神教から出てきたものです。後世に改竄され発展したものではありません。初期キリスト教の苗床になったユダヤ教の一神教は、この唯一神の内的存在を分析しようなどとは考えもしませんでした。かえって、イエス時代のユダヤ教には、ひとりの神が、ご自分の世界でどのようにふるまわれるのかについて様々な考えがありました。神は宮に住むために来られる。人々が律法を学ぶときにそこにおられる。ある人々にご自分の霊を吹き込み、ご自身の権威をもって語り、行動できるようにされる。創造的なみことばを語ると、何かが起こった。神の知恵は世界中で、とりわけイスラエルにおいて活き活きと働いていた。そして、このような考えこそ、唯一の真実で生ける神を思い描くユダヤ教の方法であり、初期のキリスト者がイエスと聖霊について語ったことの基礎をなすものなのです。キリスト者たちはユダヤ教の一神教を捨てたなどとはまったく考えていませんでした。彼らはただ、イエスの中に見たこと、聖霊について知っていることを説明するために、ユダヤ教のカテゴリーを使っただけなのです。三位一体の教理は、パウロ書簡など、新約聖書の中でもごく初期のもの全般に見られます。神はキリストにあって、この世をご自分と和解させられます。そして（聖霊によって）和解の言葉を私たちに委ねてくださった、と〔Ⅱコリント五・一九参照〕。三位一体の神学は、後代になって行われたおかしな改竄などではありません。それは初期のキリスト教のまさに中心にあるもので、私たちはその証拠を手にしているのです。

第三に、三位一体の神学を表現するために使う特定の言葉については、確かに議論の余地があります。たとえば、「位格（person）」という言葉は、「三つの仮面（ペルソナ）」の語源となったラテン語の意味と、現代英語の意味とではまったく異なります。これこそ、私たちが真に心を開かなければいけない点です。三位一体の教理は、実に逆説的ですが、私たちに心を開かせるものなのです。真の神は三つにして一つであるという事実をとらえ、そしてそれにとらえられてきた私たちは、心を閉ざした状態ではなく、真に心を開く状態へと追い込まれます。批判したり論争したりするためではなく、神に対して飢え渇きを持っているからです。神をもっと深く知りたい、私たちを生かし愛してくださった一つにして三つであるお方に愛をお返ししたいと願うからです。三位一体で語られる「位格（person）」という言葉は、ある観点から見ると、真の神には、還元できない三つの様態があり、ナザレの人間イエスはその三つの位格のうちの一つであるという言い方です。同様に、三位一体について語るとき、「本質（substance）」という言葉は、また別の観点から見ると、イエスと聖霊とに完全に共有されている、真の神について還元化できない一つの様態を示す言い方です。同じことを表現するのに、もっと良い言い方があればよいと思います。

それでは根本的な問いに戻りましょう。この神を信じることはどのような反応を生じさせるのでしょうか。そのような礼拝はどのような霊性を育むのでしょうか。またどのような課題を生むのでしょうか。

三位一体を信じるとは、真の神は熱情的で、あわれみ深い神であると信じることです。この方は、現代の多くの人たちが考えるような、高い所にいて冷淡で、人から遠く離れた神ではありません。人々を自己中心的で破壊的な生き方に駆り立てるような暗闇の力でもありません。この方は、ご自分の世のためにご自身をまったくささげ、犠牲的な愛をもってささげ、ご自分の創造したものに惜しみなく、無謀にも無駄にも思われるほど自らを注ぎ出す神です。聖ヨハネが開かれた天をのぞき見たときに目にしたのは、彼が望んでいたような神ではありませんでした。他を圧倒する荘厳な創造者である神をあらゆる被造物が礼拝している光景であり、さらにもっと目を凝らしてみると、かつて屠られたけれども今は永遠に生きている子羊の姿がそこにありました。三位一体の教理は、この壊れかけた世界が何よりも聴かなければならない神秘を宣言しています。真の神はこの世界の悪から切り離された存在ではなく、この世界の悪を共に経験し、自らの身体に担うために来られたのです。「神は実に他のだれかを送るほどに世を愛された」のではなく、「神は実にそのひとり子を送るほどに世を愛された」のです〔ヨハネ三・一六参照〕。

聖パウロが主張するように、御子を遣わした神は、御子の聖霊を遣わす神であり、御子が達成したことを実行し、実現なさいます。三位一体を信じるとは、痛みが最も大きかったところへ神がイエスにおいてやって来て、その痛みを負ってくださったと信じることです。三位一体を信じるとは、神が今日、聖霊においてやって来て、痛みがいまだ最高潮のところを訪れ、世のうめきを共有し、この世に新しいいのちをもたらしてくださると信じることです。けれども、聖霊はそのことをおひとりではなさいません。聖霊はキリスト者の内に宿り、痛みのある場所で、彼らが祈りと苦しみの中で立ち続けることができるようにしてくださいます。三位一体の教理は祈りと痛みと預言に関するものです。マザー・テレサの働きを支える教理です。病人を見舞い、若者を教え、美しいものを作り、祈り、正義と平和のために働くことは、ただ私たちが神のために何かをするというのではなく、神が私たちのうちに、私たちを通して働いてくださることであると、私たちに確信させてくれる教理なのです。

さらに言えば、三位一体の教理は、この働きは無駄にならないと確信させてくれます。イエスご自身のように、私たちが、多くの人が愚かで不可能だといって片づけてしまうような夢を追いかけて身を投げ出しているように見えたとしても、この死から新しいいのちが、そして、世のいのちとなるために与えられた神ご自身のいのちが生まれると断言します。私たちは非常に激しく恐ろしい苦しみを受けている世界の地域のために祈るとき、その痛みのさなかにいて、涙を流して真の神の苦しみと愛を証ししているキリスト者たちとともに立っているのです。そして、私たちは、自国の政府に対して、他国の政府に対して、そして国連に対して、国際紛争を収める別の方法があり、早急にその方法を探し求め、見つけなければならないことを預言者的に発言する力を求めて祈ります。

それゆえ、父、子、聖霊のひとりの神を信じるということは、この世から逃げることではなく、世界で唯一の、真実な人間のありようなのです。私たちはそれを、言葉だけや、信条を告白するだけで良しとするのではありません。ユーカリスト〔聖餐式、主の晩餐〕で力強く行います。ユーカリスト〔聖餐式、主の晩餐〕は、イエス・キリストにおいて与えられる神のいのちが私たちのいのちとなることです。今与えられる神の霊、イエスの霊が私たちのいのちの息吹となることです。パンを食べ、ぶどう酒を飲むときに、私たちは歩く聖堂となり、生ける神殿となり、そこに生ける三位一体の神が本当に住まわれるのです。この身震いするほどの考えを、キリスト者の真の姿としてもっと真剣に受けとめるようになれば、生ける神がこの世界において私たちを召してくださっている働きをもっと真剣に受けとめられるようになるでしょう。今日、苦悩する神を礼拝し、明日、その神を無視することなどできないでしょう。熱情的であわれみ深い神の肉と血を今日、食べ、飲んで、明日、熱情的にあわれみ深く生きるのを拒むことなどできないでしょう。私たちがよく口にするように、「父、御子、聖霊に栄光あれ」と声をあげ、歌うときに、私たちは、神の愛を今も切実に必要としている世界に知らせるという働きに、愛のうちに身をささげるのです。これはこの世が欲する神ではありません。この世が必要としている神なのです。

# 第4章　同じ縮尺《スケール》の神

私たち家族がモントリオールに住んでいたときに面白がっていたことの一つが、英国から我が家へ来た訪問客たちが北米のスケールの大きさを理解できないことでした。ケベック州だけでも西ヨーロッパと同じくらいの面積があり、モントリオールからバンクーバーに行くほうが、ロンドンからモントリオールに行くよりも遠いのです。私たちが時折しなければならなかったのは、カナダの地図の横に「同じ縮尺《スケール》の英国」と書かれたものを用意することでした。

それを逆から見ると、どうでしょうか。地図帳を開いて、英国の地図を見てみましょう。その見開きページに、「同じ縮尺《スケール》の米国」と名づけられた折りたたんだ大きな地図が挟み込まれています。それをテーブルの上に広げると、何重にも折りたたまれていて、それを次から次へと広げていくと部屋の半分を埋めるほどになり、英国の地図を完全に覆い隠してしまいます。それを見た人は、我が家に来た訪問客の何人かが言ったように、車でサンフランシスコまで日帰りでちょっと行って来ようなどと決して考えることはありません。

イザヤ書四〇章で著者が描写しようとしていることはこれと同じです。イザヤが語りかけている人々は、自分たちの発育不全の想像力に合わせて神を矮小化していました。そこで、イザヤはまず彼らの世界、すなわち地形、政治、宗教、そして天文学の世界から始めて、いわば同じ縮尺《スケール》で神を描き出します。私たちの目の前に次から次へと折りたたまれたものを広げながら並べていきます。

だれが手のひらで水を量り、
手の幅で天を測り、
地のちりを升に盛り、
山々を天秤で量ったのか。
もろもろの丘を秤で。……
見よ。国々は手桶の一しずく、
秤の上のごみのように見なされる。……
鋳物師は鋳像を鋳て造り、
金細工人はそれに金をかぶせ、
銀の鎖を作る。……
地の住民はバッタのようだ。……
君主たちを無に帰し、

地をさばく者たちを空しいものとされる。……
この方はその万象を数えて呼び出し、
一つ一つ、その名をもって呼ばれる。……
一つも漏れるものはない。〔二二、二五、二九、二二、二三、二六節〕

イザヤは、それをよく見るようにと言います。いやむしろ、心を大きく開いて現実を把握するように、と。世界で最も大きな形状を描く地図でも、神を量ることはできません。神は理神論の言う神のように、単に形状が大きいのではありません。また、一連の存在の中で最も重要なところに位置する存在ということでもありません。そこでは、まったく異なる種類の縮尺《スケール》、異次元のものが必要なのです。

イザヤは、なぜこんなに素晴らしい詩を書いたのでしょうか。思弁的な神学として書いているのではありません。単に当時の神学の狭量さを叱責するためのものでもありません。イザヤは、打ちひしがれ、落胆している人々が希望を持って目を上げるために記しています。「慰めよ、慰めよ、わたしの民を。／――あなたがたの神は仰せられる――／エルサレムに優しく語りかけよ。／これに呼びかけよ。／その苦役は終わり、その咎は償われている、と。／そのすべての罪に代えて、／二倍のものを主の手から受けている、と」（同一～二節）。この神の偉大さは、ご自身を神の民から遠ざけるものではありません。それどころか、神は彼らのそばにいて慰め、彼らに優しい羊飼いとなり、力をもって彼らを強めてくださるのです。

主は羊飼いのように、その群れを飼い、
御腕に子羊を引き寄せ、懐に抱き、
乳を飲ませる羊を優しく導く。……
疲れた者には力を与え、
精力のない者には勢いを与えられる。
若者も疲れて力尽き、
若い男たちも、つまずき倒れる。
しかし、**主**を待ち望む者は新しく力を得、
鷲のように、翼を広げて上ることができる。
走っても力衰えず、歩いても疲れない。〔一一、二九〜三一節〕

この章は、慰めのメッセージで始まり、預言者の声が響きわたることを描写していきます。

荒野で叫ぶ者の声がする。

「**主**の道を用意せよ。

荒れ地で私たちの神のために、
大路をまっすぐにせよ。
すべての谷は引き上げられ、
すべての山や丘は低くなる。
曲がったところはまっすぐになり、
険しい地は平らになる。
このようにして**主**の栄光が現されると、
すべての肉なる者がともにこれを見る。
まことに**主**の御口が語られる。」〔三〜五節〕

人々はバビロンにいます。しかし彼らの心も霊も荒野にありました。人のいない土地にあって、だれからも愛されず、だれからも忘れ去られ、何も変わる見込みのない国にいます。もう一度耳を傾けましょう。

ヤコブよ、なぜ言うのか。
イスラエルよ、なぜ言い張るのか。
「私の道は**主**に隠れ、

私の訴えは私の神に見過ごされている」と。〔二七節〕

そしてこの荒野で、彼らの神、力あるお方、地の果ての果てまでを造った創造主は、再び彼らのところに来られます。会いに来て、羊飼いが子羊の世話をし、母羊を優しく導くようにしてくださいます。神はその栄光を現し、すべての肉なる者はそれを共に見ます。これは、伝えられなければならない良きおとずれです。

シオンに良い知らせを伝える者よ、
高い山に登れ。
エルサレムに良い知らせを伝える者よ、
力の限り声をあげよ。
声をあげよ。恐れるな。
ユダの町々に言え。
「見よ、あなたがたの神を。」〔九節〕

預言者は、はっきりとこう言っています。イスラエルの民は、自分たちの悲劇、絶望、忘却、捕囚といった現在の経験の地図に慣れきってしまい、どういうわけか自分たちの神もその同じ地図の中に入っていると思い込んでいる、と。彼らは神を手なずけてしまったというのです。まるでペットのようにリードにつないでしまった。そして、神は彼らに何も良いことができない、としたのです。それで預言者は、だれも手なずけることができない神——創造主、全世界の主、優しい羊飼いであり、帰って来る王——の巨大な地図を民の前に広げます。そしてこう語ります。ここにあなたがたが拠り頼むことのできる方がおられる。ここにあなたがたが信頼できる方がおられる。この方はあなたがたの罪、あなたがたの失敗や悲劇に対処してくださった。今後この方はご自分の栄光を現し、あなたがたを救い、あなたがたを牧することで栄光を現される、と。そしてイザヤは続けて、神がどのようにしてこのことをなさるかを説明します。それは、不思議なしもべの姿の観点からです。その人は、ヤハウェの救いの目的を自ら背負って荒野へ、捕囚の地へ、死の淵へ、さらにその向こうにまで行くというのです。

　このメッセージを二千五百年後に、つまり、今の時代に持ってきてみましょう。一九八六年から一九九〇年にレバノンで人質に取られた人々の中に、アイルランドの作家ブライアン・キーナンがいました。彼の素晴らしい著書『悪のゆりかご』（*An Evil Cradling*, London: Vintage, 1993）の中で、彼とジョン・マッカーシーが独房で、自分たちも驚くほど、神を呼び求めなければならない現実に直面したことを述べています。それは、名ばかりのキリスト教で育った彼が教えられてきたよりもはるかに大きな現実でした。彼が述べていることに耳を傾けましょう。これは、自称キリスト者が神について語ることに対する告発です。

ときに神は現実的で、とても身近な存在に思えたこともありました。私たち［キーナンとマッカーシー］が語り合ったのは、キリスト教の伝統の中で知られる神ではなく、もっと原初的な神、もっと身近にいる神、もっと活力のある神についてでした。……自分なりのやり方で、私たちは孤立状態の中で心を広げていきました。遠くにいる神に手を伸ばすのでなく、「神」がどんなものであれ、それを見いだし、それと関わろうとしたのです。……時折、漠然とした宗教のテーマについて議論することもありましたが、それも厳格な教理に縛られることはありませんでした。そして私たちはそれぞれ、人となった神とはどんな存在かを考える土台となる経験をしました。（九九ページ）

キーナンがキリスト教の伝統を一連の信条、また「厳格な」教理と同一視していることに注目してください。彼は、教会でイザヤ書四〇章が読まれ、説教されるのを聞いたことがなかったのでしょうか。彼が幼少期から聞いてきた神は、理神論の神でした。つまり、遠く離れたところにいて、知的で退屈な諸命題でした。その神は、イザヤ書が語る、激しく、手なずけることのできない神、創造主、地の果ての果てまでを治める主ではありません。優しい羊飼いでもなく、打ちひしがれた者、孤独で弱った者が拠り頼み、新たな力を見いだすことができる強い者でもないのです。

さらにキーナンは、独房でうずくまり、自分自身の荒野と折り合いをつけようとしたときに、――これは皮肉の中の皮肉ですが――三位一体という事実、あらゆる教理に先行し、それらの土台となるその事実に気づき始めたのです。もう一度耳を傾けてください。「人となった神といういうことはどんな存在かを考える土台となる経験をしました。」彼はマルコの福音書を読んでいたかのようです。

マルコの福音書冒頭の十四節はまったく飾らない表現で綴られています。バプテスマのヨハネと、彼によるイエスのバプテスマについての描写ですが、きわめて簡潔で、何か欠落しているのではと思わせるほど簡素です。マルコは、旧約聖書から二か所を引用して書き始めていますが、その二か所とも、長い捕囚の後、希望や可能性が消え失せた後、ついに神がご自分の民のもとに帰って来られることについて書かれたところです。二つ目の聖句は、私たちに対する警鐘であり、今は馴染みのあるものです。

荒野で叫ぶ者の声がする。
「主の道を用意せよ。
主の通られる道をまっすぐにせよ。」〔マルコ一・三〕

言うまでもなく、マルコはこれを、悔い改めのバプテスマを授けるために荒野に現れたバプテスマのヨハネに当てはめています。注解者たちは口をそろえて言っています。愚かな老マルコは、適当に証拠を取り出したのではないか。ヨハネが「荒野にいる」ということだけで、マルコは、ヨハネがイザヤの預言を成就していると思い込んでいる、と。

しかし、マルコは自分がしていることをはっきりと認識しています。イザヤは、神の民の捕囚がついに終わり、神が彼らを慰め、羊飼いのようにご自分の群れを養い、ご自身の栄光を現し、この世界がそれを見るようになる時のことを語っていたのです。イザヤの時代とバプテスマのヨハネが来るまでの間に、そんなことがあったでしょうか。当時のほぼすべてのユダヤ人が、もちろんなかったと答えるでしょう。彼らはバビロンから帰って来ましたが、大いなる約束はまだ実現していませんでした。彼らはさらにもう一つの異教の国の支配下に置かれましたが、ヤハウェは、戻って来て、民とともにあって彼らを救うことはありませんでした。イザヤは捕囚がどのように終わるかを預言しました。つまり、使者がエルサレムとユダヤ全土に住む人々に向かって罪が赦されたこと、言い換えれば、捕囚は終わりを迎えること、そしてイスラエルの神ヤハウェご自身が来て、民を救ってくださることを告げるというのです。マルコは、ヨハネがエルサレムとユダヤ地方の人々に罪の赦しに導くバプテスマを受けるように呼びかけている様子を語り、また、彼が自分の後に来る方について語る姿を伝えます。その方はヨハネよりも力があり、ヨハネが始めたことを完成させるというのです。イザヤ書を背景にマルコの福音書を読めば、何を期待すべきかがわかります。私たちが期待するのは、ヤハウェご自身、イスラエルの神、力あるお方、天と地の創造主、優しい羊飼い、来たるべき王です。

息を呑むほどの単純明快さをもって、マルコは私たちの目を大いなる光景に向けさせます。そして私たちはイエスを見るのです。マルコは、イエスがバプテスマを受けたときに、天からの声がイエスに語りかけたと私たちに語調を強めて伝えます〔マルコ一・一一〕。イザヤ書にある大いなるしもべの歌の冒頭部分です。「あなたはわたしの愛する子。わたしはあなたを喜ぶ」〔四二・一〕。イザヤ書に記されたしもべのように、この不思議な王は、ヤハウェご自身の霊によって油注がれ、ご自分の使命を果たします。

これは十分に画期的であると思うかもしれません。けれどもこの王、人となられたヤハウェ、イスラエルへの悔い改めのバプテスマをあえて受けたこの力ある方は、聖霊によって荒野に追いやられ、敵、すなわち告発する者による厳しい試みを受けます。その方が荒野に出て行くのは、そこに道が備えられていたからです。そして、この方はそこからガリラヤに戻り、イスラエルの神がついに王になっているという良きおとずれを伝えます。私たちはブライアン・キーナンとともに自分の荒野に戻り、「一連の信条」よりももっと原初的で、「もっと身近にいて、もっと活力のある」存在を発見します。私たちは牢獄の中、人が限界まで試される場所、ときにその限界を超えるような場所へ戻ります。私たちは厳格な教理に縛られるのではなく、「人となった神とはどんな存在かを考える土台」を見いだす場所にいるのです。

このことは、二十世紀後半の私たちの思考、祈り、そして生き方にどのような影響をもたらすでしょうか。近年、三位一体の神学について小さなルネサンスが起きています。私たちは一九六〇年代、一部の神学者たちから三位一体は時代遅れのナンセンスだと自信をもって言われました。けれども、今この教理が私たちにとって力と啓明の源として再発見されています。もし私たちが、教理は物語を簡潔にまとめた表現であり、その物語の中心は「一連の信条」よりももっと原初的で、「もっと身近にいて、もっと活力のある」存在であるということを忘れてしまうことがあるならば、神よ、私たちをお赦しください。三位一体の教理は、私たちが実際の絵を最も良く鑑賞できるように細心の注意を払って選ばれた額縁です。美術館の目先のものしか見ない案内役のように、額縁について語ることに時間を費やし、絵に注意を向けるのを忘れている人もいます。一方、そのようなナンセンスな説明を聞き、額縁があまりにも面白くないから、その中の絵も見るに値しないだろうと結論づけてしまうような人もいます。けれども、ほんの一瞬でも、その絵――イザヤの絵、マルコの絵、その縮尺《スケール》が小さな地図のすべてを小さく見せる神の絵――を垣間見ることができたなら、古い額縁であってもそれは十分であると気づくでしょう。そして、もし額縁を使うのであれば、その絵を最も良く鑑賞できるように用いるのです。

そしてこの絵――厳格な教理の絵ではなく、人となられた神の絵――の前に立つときに、イザヤと同じく、地形、政治、宗教、天文学のすべては、バッタの群れや不精髭《ぶしょうひげ》ほどのものであると気づきます。神は、私たちが想像するよりもはるかに素晴らしい現実と向き合うために、私たちの本意でなくても、神観も含めて私たちの考えを一掃されます。もし私たちの祈りや考え方が一掃されるならば、そして、三位一体の神のみことばを新たな思いで聞くために、私たち自身の騒がしい雑念が取り除かれるならば、私たちの生き方も一掃されるのです。私たちは、神が出会うと約束された場所、つまり荒野で神によって見いだされると繰り返し呼びかけられています。

荒野は確かに孤独です。私たちのほとんどはそこで生きる備えがありません。私たちは、人々が多く住む世界、手近な快適さを好みます。自分で孤独を選択するときでも、私たちは本、音楽、絵などでそこを満たそうとします。それらが手元になければ、心の中にしまっておきます。私たちの多くは、忙しさや、自分の心の中にごった返す備品を取り除いて、荒野に入ろうとしませんでした。荒野では、ブライアン・キーナンのように、私たちは孤独で心細く、無防備で裸となります。けれども、いつだれにでもそれは起こることですが、私たちがそのようなところに身を置くときには、二人の人が道を示してくれます。イザヤとバプテスマのヨハネは、私たちが捕囚の身となり、途方に暮れ、おびえ、大きな不安に駆られ、置かれた状況や周囲の環境、そして罪によって押し潰されそうになっているときに、新たな慰めの言葉を聴くようにと呼びかけてくれます。三位一体の教理は、その教義がいかに真理であったとしても、それでとっつきにくい教義の一つであるということはありません。慰めと癒し、赦し、主を待ち望む教理であり、未知の未来に立ち向かうときに、弱き者に力を与えてくださる方を見いださせてくれる教理です。

そして、私たちはイエスを見るときに、まさにこの神を見いだすのです。イザヤが私たちに「同じ縮尺《スケール》での神」の地図を示したとすれば、マルコはこの地図のガイドを提供したといえます。そして、イエスはガイド以上のお方です。この方の御顔に、そしてこの方のうちに、生ける真の神がいて、私たちを救い、慰め、そして力づけてくださいます。もし私たちが鷲のように翼を広げて上りたいのであるなら、どうすべきかはおわかりでしょう。

# 第5章　主の栄光

「彼は善良な人で、民衆に徳を実行し、互いに正義を求め、神に対しては敬虔に生きるように教えすすめていた。……彼の説教を聞いて大いに動かされ、その周囲に人々が増え始めた。そこで、王は警戒し始めた。影響力のある雄弁な説教が何らかの騒乱を引き起こすのではないかと恐れたのである。……王は先手を打つことにした。」

これは一世紀のユダヤ人歴史家ヨセフスの言葉です（『ユダヤ古代誌』一八・一一七〜一一八）。ここにある「王」とは、ヘロデ大王の息子ヘロデ・アンティパスのことです。民とはもちろんユダヤ人で、紀元二八年ごろのことです。力強いメッセージで民衆が扇動されるのではないかと王を恐れさせた「善良な人」とは、本書の前章に登場したバプテスマのヨハネです。

バプテスマのヨハネに関して福音書では、文脈からまったく独立した形で書き入れられています。踊るヘロデの娘と盆の上に載せられたヨハネの首という、私たちがよく知るこの話の底流には、政治的な恐怖というおぞましい闇があります。ヘロデに関するかぎり、バプテスマのヨハネは危険な存在でした。

確かにそうでしょう。ヨハネは声でした。沈黙することのない声、荒野で叫ぶ声、警告の声、約束の声、ある人々がそれを、神の声を聴いたと信じるようになった声でした。そのような声は、既得権益を持つ人たちにとっては当然脅威です。

彼の声は他とは異なる声でした。彼は祭司の家系の出身でありながら、祭司として生活することも働くこともせず、ヨルダン川で奇妙な入信儀式を行っていました。そして、彼が語っていたことはさておくとして、その行動自体は神殿やユダヤ教の象徴に固執するものではありませんでした。そしてそれは、彼自身が行っていることを通して神の民の真の一員になれるということを強く印象づけるものでした。そのような声は、当時の制度に威信をかけている人々にとっては心配の種でした。

彼は預言者の声でもあり、旧約時代の預言者たちの流れを汲んでいました。アモスやミカは、公義公正という基本原則を軽んじる者に神の裁きが臨むと民に警告していました。エゼキエルとエレミヤは、彼らの警告に民が耳を傾けようとしないエルサレムの荒廃を預言し、実際にそれを目の当たりにしました。神は確かに預言者たちを通して語られました。そしてヨハネは、着る物、食べる物、生活習慣を見るなら、重要でありながら危険と背中合わせのその伝統に立つことを意識していたようです。危険というのは、王たちは預言者らを嫌う傾向があるからです。不快な真実を語る声は常に沈黙を強いられるのです。

けれども、ヨハネが語っていた真実とは何だったのでしょうか。命をかけてまで彼が語らなければならなかった切迫したメッセージとは何だったのでしょうか。それは、やがてすべてが良い方向に進むという知らせでした。長い夜がもうすぐ終わり、夜明けが近づいているという知らせです。ご自分の民を見捨てたかのように見えた神が戻って来て、民を治め、裁き、救い、赦しを与えるという知らせです。これがアドベント（待降節）のメッセージでした。

言い換えれば、これはイザヤ書四〇章のメッセージです。この箇所は、本書でも前章で別の角度から考察しましたが、旧約聖書の中で最も印象に残る箇所の一つです。私たちの文化では、ゲオルク・フリードリヒ・ヘンデル〔一六八五～一七五九年〕が『メサイア』を書いたときに、イザヤ書の冒頭の十一節だけで五曲以上を作ったことで、さらに印象深いものとなっています。ヘンデルはこの章の冒頭から始めています。

慰めよ、慰めよ、わたしの民を。
――あなたがたの神は仰せられる――
エルサレムに優しく語りかけよ。
これに呼びかけよ。
その苦役は終わり、その咎は償われている、と。
そのすべての罪に代えて、

二倍のものを主の手から受けている、と。〔一〜二節〕

一世紀のユダヤ人にとって、このメッセージの意味は明白だったでしょう。捕囚の長い夜はついに終わります。異教徒の手によるイスラエルの試練と苦難に終止符が打たれようとしています。神は、イスラエルの罪を、イスラエルのあらゆる苦悩の原因となった罪を見事に解決してくださいます。今は慰めの時です。神がイスラエルに再び求愛します。（預言者が「優しく語りかける」と言うとき、それは文字どおりには「彼女の心に語りかける」ということです。これは、求愛するときの言葉であり、婚約の言葉であり、人間の愛の優しさや繊細さを表現する言葉です。）このことは、イザヤ書四〇章を理解し、そしてバプテスマのヨハネを理解するために、まず強調しなければならない点です。らくだの毛皮の衣を身にまとい、イナゴや野蜜を食べる荒々しく見えるヨハネは、見捨てられ悲しみに暮れる民に神のラブレターを届ける使者としては一見ふさわしくないように思われます。しかし、それこそが、彼が引き受けた役割なのです。彼のメッセージは花婿の到来を告げるアドベント（待降節）のメッセージです。つまり、神ご自身が花嫁を迎えに来て、花嫁の待ち望む心を踊りに変え、嘆きを喜びに変えてくださるというメッセージです。これは出エジプトの物語です。神はかつてイスラエルをエジプトから呼び出したように、再びイスラエルと結婚の約束をしてくださるのです。だからこそ、被造物そのものが今準備されなければならないのです。

荒野で叫ぶ者の声がする。
「**主**の道を用意せよ。
荒れ地で私たちの神のために、
大路をまっすぐにせよ。
すべての谷は引き上げられ、
すべての山や丘は低くなる。
曲がったところはまっすぐになり、
険しい地は平らになる。〔三〜四節〕

なぜ地を平らにするのでしょうか。そこまで大騒ぎする必要があるのでしょうか。その答えは、強調すべき二つ目の点ですが、花婿が戻って来ようとしているからです。神ご自身がご自身の民のところに戻って来られるのです。ですから、被造物自身が赤いカーペットを広げて神を迎える準備をしなければならないのです。

このようにして**主**の栄光が現されると、
すべての肉なる者がともにこれを見る。

まことに主の御口が語られる。〔五節〕

私たちがこれらの言葉を読んだり、『メサイア』の最初のコーラスで合唱団が歌うのを聞いたりしても、すぐにはイメージが湧かないでしょう。それを正しく理解するためには、主の栄光が現されることについて語る旧約聖書の言葉にさかのぼらなければなりません。主の栄光はときに神殿に現されることがあります。イザヤ自身がそこにいたときや、ソロモンが最初に神殿を奉献したときのようにです。けれども最も印象的なのは、出エジプトの時です。モーセが神に栄光を見せてくださるようお願いしたときに、神はそれを退け、身を隠し、モーセに背中だけを見せて、ご自分を現されました。そして今、預言者は、出エジプトの地、荒野において、神がついにご自身の完全な栄光、真の栄光であるご自身を現されると宣言するのです。それも一人、二人という選ばれた人々にではなく、全世界に対してです。「すべての肉なる者がともに神の栄光を見るのです。」そして、このことは数節後、もう一度強調されますが、ゲオルク・フリードリヒ・ヘンデルの曲の一節を想い起こさずには読めません。

シオンに良い知らせを告げる者よ。
高い山に登れ。……
力の限り声をあげよ。

声をあげよ。恐れるな。
ユダの町々に言え。
「見よ、あなたがたの神を。」〔九節〕

旧約聖書が強調していることですが、だれも神を見て生きることはできないというのは、どういうことでしょうか。また、バプテスマのヨハネは自分を、叫ぶ声、諸王たちを震え上がらせる言葉を発する者と位置づけることで、何を意味しているのでしょうか。

よく言われるように、神が栄光の輝きとともに来られると預言者が考えていたのは疑いようもないというのが、私たちの第一印象です。神は太陽のように輝き、王座か戦車に座して、何百万もの天使に囲まれて現れると想像したのでしょう。けれども私たちは、それに対してある疑問を持ち始めています。神はご自分の民に優しく求愛し、花嫁を迎えに行く花婿のように彼らのもとに来られると預言者が語っていることを、これまで見てきました。王座に着く方が栄光の輝きに包まれて現れるというイメージは、愛する者の心に語りかける様子とはあまりに異なります。そして、この箇所の終わりに、また『メサイア』にも歌われていますが、神が帰って来たときに何をなさるのかが、次のように描かれています。

主は羊飼いのように、その群れを飼い、

御腕に子羊を引き寄せ、懐に抱き、
乳を飲ませる羊を優しく導く。〔一一節〕

繰り返しますが、これは私たちが期待するような「栄光の輝き」とは程遠いものです。それでは神はどのように現れるのでしょうか。

その答えは、皆さんの想像もつかないきわめて奇妙なものです。イザヤ書四〇章から五五章を読むとわかりますが、神の到来は主のしもべの働きに徐々に焦点を当てていくようになるのです。神はご自分の民に求愛し、彼らを獲得されます。けれども、神は物語の中の王子のように、物乞いに変装して来られるのです。

私たちが聞いたことを、だれが信じたか。
**主**の御腕はだれに現れたか。〔五三・一〕

彼には見るべき姿も輝きもなく、
私たちが慕うような見栄えもない。〔同二節〕
［主は栄光をまとって来られたのではなく、
目の前のものを一掃して

天使たちがハレルヤを歌うこともなかった。」

彼は蔑まれ、人々からのけ者にされ、
悲しみの人で、病を知っていた。〔同三節〕

彼は私たちの背きのために刺され、
私たちの咎のために砕かれたのだ。
彼への懲らしめが私たちに平安をもたらし、
その打ち傷のゆえに、私たちは癒やされた。
私たちはみな、羊のようにさまよい、
それぞれ自分勝手な道に向かって行った。
しかし、**主**は私たちすべての者の咎を
彼に負わせた。〔同五〜六節〕

私たちはこれらの聖句を愛読しており、毎年聖週間（受難週）がめぐってくるたびに、黙想します。しかし、文学的文脈の中で、これらが、生ける神が来て、ご自分の民に求愛し、彼らを獲得する様子を語る、一連の大いなる預言の言葉のクライマックスを形成していることを、

私たちはしばしば見落としてしまうのです。神がエルサレムに戻って来るときには、どんな姿をしておられるのでしょうか。イザヤは、栄光輝く姿ではないと答えます。また、大規模な軍事力の誇示という形でもありません。そうではなく、しもべの姿を身にまとい、死に至るまで従順な歩みをする方として現れるというのです。これこそが、神がご自分の民を慰める方法です。花婿がシオンに戻って来る方法です。これこそが、アドベントが良い知らせである理由です。神が子羊をご自身のふところに抱いて運び、幼子を連れた人々を優しく導かれると私たちが確信している理由です。権力への愛に溺れる世界に対して、イザヤの神は愛の力においてご自身を現されるのです。

アドベントのメッセージ、イザヤが聴衆に伝えたメッセージは、この神が愛の律法によって世界を裁くために来られるということです。神の裁きというと、威圧的で暴君のような神を想像してしまう危険性があります。今日、私たちの社会で「神」という言葉を(悪態以外で)使うときには、多くの人は、基本的に神をそのように考えているのではないでしょうか。それで、非常に多くの人々が神を拒絶してきたのでしょう。天上に威圧的な存在を置かなくても、この世にはすでに十分多くの威圧的な人たちがいます。しかし、真の神がこの世界のあらゆる悪を正すために来られるのは(それこそが「裁き」の本当の意味です)、ひどい威圧者であるからではなく、花婿だからであり、花嫁である私たちに求愛し、私たちを獲得したいからです。子羊をご自身のふところに温かく抱く羊飼いだからです。私たちの背きのために刺され、私たちの咎のために砕かれたしもべだからです。これが真の神であるならば、ショックを受けるのはひどい威圧者、世界のヘロデたちです。この方こそ、来るべき裁きを愛に基づいて行う神です。草はしおれ、花は散りますが、神のみことばは永遠に立つのです〔イザヤ四〇・八〕。

神の到来を告げるために、神のみことばを伝える「声」の役割を自らに課したヨハネはどうだったのでしょうか。ヨハネ自身はこの働きについてどれほど理解していたのでしょうか。

おそらく部分的で断片的な理解だけだったようです。ヨハネの福音書の一章は、ヨハネが自分をエリヤとみなすことを拒んでいることを明示しています。もちろん、自分のことをメシアや最後の偉大な預言者とすることも否定しています。ヨハネはイエスがエリヤになると思っていたようですが、イエスはそれに対して賛辞を返したようです。エリヤとなるという不可解な務めには、神の到来のために人々に準備させるということが含まれているのですが、おそらく、自分自身の働きの重要性を十分理解していなかったのでしょう。けれども、召しの多くはそのようなものではないでしょうか。冒頭で見たように、ヨハネが引き受けた役割は「声」だけです。「私は、……『主の道をまっすぐにせよ、と荒野で叫ぶ者の声』です」〔ヨハネ一・二三〕。彼が知っていたのは、ほぼそれだけだったのです。

それだけで十分でした。神が来て救い、裁いてくださるのを待ち焦がれる真のイスラエルの共同体《コミュニティ》を自分の周囲に形成するのには、それで十分だったのです。その共同体《コミュニティ》にはペテロやアンデレといった人々がいましたし、その中にはヨハネが「その方の履き物のひもを解く資格もない」〔マルコ一・七参照〕人もいました。イスラエルの神が再び戻って来られるという古くからある噂はひょっとしたら本当かもしれない、あるいは、少なくてもその噂を信じる人が増えたら、不安定な自分の国の存続は困難になるかもしれないと、王座に座るヘロデを震え上がらせるのには十分です。また、権力を愛して生きている人々に、忘れられかけながらも決して消し去られることのない、愛の力という古くからのメッセージを突きつけるのには十分です。

私たち自身の小さな王国と、自分自身の責任に挑戦を投げかけるのにも十分です。私たちも約束された神の到来を信じて生きています。私たちは、クリスマス、十字架の死、イースター、そしてペンテコステからずいぶん時間の経った時代に生きていますが、花婿が来てご自分の民に求愛し、獲得するというイザヤの約束が、人間イエスにおいて、文字どおり人類の歴史の中で成就したという信仰に生きています。もし私たちがそのことを信じるならば、この同じ神が毎週、パンとぶどう酒において私たちのもとに来て、私たちに求愛し、私たちをとらえ、ふところに子羊を抱き、優しく母羊を導くという信仰へと至らせてくださいます。そして、神が再び来て、最終的にこの疲弊した古い世界を裁き、救うという信仰へ導いてくださいます。

そして、私たちの務めは、この奇妙で美しい到来をたたえる者として、再びこのことを告げる声となることです。教会は世界に対して「声」をあげるためにここにあります。自分のために大いなることを語るのではなく、愛の力と裁きによって来られる神のために備えをするようにとの「声」です。程度の差はあれ、ヨハネが彼の世代の人々のためにしたことと同じように、私たちも自分の世代の人々のために行動し、生き、語るべきなのです。人としての異なるありようがあり、愛のありようがあり、神への道があることを示し、告げ知らせ、そのようにして人々に、世界の創造者がこの世界の慰め主であるという知らせを（疲れた人々に良き知らせを、威圧する人々に悪い知らせを）語るのです。

慰めよ、慰めよ、わたしの民を。
——あなたがたの神は仰せられる——
エルサレムに優しく語りかけよ。
ロンドンとリッチフィールドに
バーミンガムとブリストルに
ニューヨークと東京に
ルワンダとボスニアに
アイルランドに
そしてそう、今も昔もエルサレムに。
そしてこれに呼びかけよ。
その苦役は終わり、その咎は贖われている、と。
**主**の道を用意せよ。

荒れ地で私たちの神のために、
大路をまっすぐにせよ。
スラムで、高層ビルで、
沼地で、戦場で、
宮殿で、ペントハウスで、
世界の砕かれた心に
私たちの神のために大路を。

# 第6章　愛の顔

舞台は刑務所の独房の中。囚人となっている中年の男性が、親しい友人に手紙を書いています。とても書きにくさを感じています。というのも、宛先の友人は第三者から非常にひどい事をされて、その第三者と面識のある囚人は、友人にその相手と和解するよう求めているからです。

彼は二つのことを伝えようとします。まず、囚人である自分とその友人が深い愛の絆で結ばれていることを強調します。あなたと私は一つであるというわけです。それと同時に、自分と第三者も親子のように非常に親密な関係にあることを強調します。手紙をここまで読んだ友人は、もし囚人となっている友との友情を大切にするのであれば、悪事を働いた第三者と一緒に友のもとへ行かなければならないと考えるようになるでしょう。次に、囚人は不正行為そのものに目を向けます。そして記します。「そう、確かに問題はあった。でも、それが何であれ、彼ではなく、ぼくの責任としてほしい。ぼくのせいにしてほしい。彼がきみに負わせた損害はぼくが弁済するから」と。手紙の終わりで、受け取った友人には選択の余地がなくなります。

純粋な愛と向き合わされるからです。よほど冷酷な心を持たないかぎり、この囚人の要求を無視することはできないでしょう。

まだお気づきになっていない方もあるいはいるかもしれませんが、囚人は使徒パウロ、友人とはピレモン、悪事を働いたのは逃亡奴隷のオネシモです。牢獄はおそらくトルコ沿岸のエペソにあり、ピレモンの家があるコロサイからリュコス渓谷を登って百六十キロほどのところにあります。パウロがピレモンに宛てたこの小さな手紙が新約聖書の中で最も短い書物であり、初期キリスト教に関する唯一の証言であったとはいえ、ここにおいて一世紀に非常に驚くべき出来事が起こったと言わなければなりません。自分自身に対する見方、互いに対する見方、そして世界に対する見方を根本的に変えたからです。

古代には、逃亡奴隷や同様の問題について書かれた手紙がほかにもあります。通常、それらは、恩着せがましく見下した口調で記されています。「親愛なる友よ、その奴隷、あるいはそれに準ずる者はもちろん、とても人間とは言えないが、あなたは自分がいかに良い人間であるかを示して、そいつにもう一回チャンスを与えてやったらどうだろうか」と。（それは最大限寛大な行為なのでしょう。）　パウロの手紙は、これとはまったく異なる空気を漂わせています。パウロとピレモンはキリストにある兄弟です。パウロとオネシモもキリストにある兄弟です。パウロは両手を広げて二人の間に立ち、主人と奴隷の両者を抱きしめ、結びつけます。パウロ自身が二人を結びつける愛の絆となります。二人の間にある痛みや怒り、罪悪感を消し去り、解決する場となり、手段となるのです。

パウロは、その姿勢の意味を私たちよりもはるかに理解していたはずです。両手を広げ、恥と苦痛を耐え忍び、癒しと和解をもたらす人間になるということです。これは新しい考えですが、単なる考え以上のものです。新たな現実であり、新しいありようであり、世界に放たれた新しい力なのです。そのような力がどこから来ているかは明らかです。それはカルバリからです。ポンティオ・ピラトの最も有名な囚人が、ユダヤ人とギリシア人、奴隷と自由人、男と女の間に立ち、腕を伸ばして抱きしめました。そしてそれ以上に、神と人、創造主と逃亡奴隷、創造主と逃亡した被造物世界を抱きしめ、和解させるのです。パウロは、イエスの十字架が世界を変えたという最初の証拠を最も初期の手紙の中で私たちに示しています。そして、私がこの章で主として語りたいのはそのことです。

特にここで申し上げておきたいのは、十字架を軽視しないようにするということです。そんな思いが、私たちの考え方や、祈り、信仰の中に容易に忍び込んでしまうからです。イエスの十字架は、世界と歴史の真ん中に立つ壮大な現実であるため、私たちはときにこれと向き合ったときに、どう対応したらよいか、何を考え、何をすべきなのかがわからなくなることがあります。十字架はこういう意味だ、ああいう意味だ、あるいは別の意味だと言おうとしても、結局のところベートーヴェンの交響曲をハーモニカで演奏するようなものになってしまいます。私たちは、十字架が私たちの思考や感情、そう、私たちの祈りや生活、愛をそのレベルまで引き上げてくれることを認めながら、逆に十字架を自分たちの思考や感情のレベルにまで引き下げてしまうのです。

私がここで語る言葉によって、同じ問題を回避できるようになるとは少しも思っていません。しかし、私自身の言葉も含めて、言葉の向こう側にあるものを指し示し、私たちの目を事実そのものに向けさせたいのです。その事実とは、そうです、イエスの十字架は世界を変えたということです。イエスの十字架は、人の献身に新たな可能性をもたらしただけではありません。また、神の性質の一面を明らかにしただけでもありません。勇敢に耐え抜いた悲惨な死として称賛に値する模範であったというだけのものでもありません。イエスの十字架は世界を変えたのです。

具体的にはどのようなことでしょうか。イエスの十字架の死と復活は、歴史の中に起こる数々の出来事の中の一つとしてたまたま起こったものではありません。創造主である神が、世界を救うために準備してきた壮大な計画であり、長い歴史の集大成として起きたものです。イエスは、時が満ち、今や神は王となられた、と宣言されました。パウロは、時が満ちて、神はその世を贖い出すためにご自分の御子を遣わされた、と言いました。イエスの生涯、とりわけその死は、何の文脈もないところにいた一人の男の行動として見るなら、何の意味もありません。世界を救うという創造主の計画のクライマックスとして見るときに初めて意味をなすのです。

特に、この世の最も悲惨な窮状を理解したときに、意味があります。この世の悪を最も深く見つめてきた人々は常々、悪とは単に個々の悪行の総体以上のものであると判断してきました。悪は、それを実行する者たちを超える破壊的な力を発揮します。ポンティオ・ピラトは、冷酷な帝国の伝統と精神に振り回された小さな男でした。アンナスとカヤパは、二千年の歴史を持つ民族の生き方の最先端にたまたまいた小さな男たちでした。ヘロデは、威張り散らし、いじめるという小さな男たちがするようなやり方で権力にしがみついた小さな男でした。ローマで陰鬱な日々を送っていた皇帝ティベリウスも、結局のところ小さな男にすぎませんでした。こうした人たちよりももっと大きな何かが働いていました。それは、小さな男ではない歴史上のある一人の人物によるものでした。その人は、世界の支配者たちがまったく知ることのなかった秘密を握っていました。その秘密とは、偉大になるためにはすべての人に仕える者とならなければならないこと、そして権力への愛（the love of power）よりも、愛の力（the power of love）のほうが強いということです。

当然の帰結として、小さな男たちは逃亡奴隷に対して行っていたように、彼に対しても行いました。十字架につけたのです。彼は、人間を、人間の自由を、人間の愛を押し潰すことでその悪の本質を明らかにするこの世の悪の力を、文字どおり歴史の中で自らの身に負いました。イエスが世の罪を背負ったというのは、単に神学的・霊的真理にとどまらず、最初の聖金曜日（受難日）において起こり、政治的にも歴史的にも確かな事実でした。だからこそ、それは世界を変えたのです。

それゆえ、十字架の真理は、私たちのどんな献身よりも、神の御子の受難に対するどのような同情心、畏敬の念、驚嘆よりも大いなるものであり、論理の上でも重要なものです。もしそうでなければ、私たちが聖金曜日を守ることは、ルワンダやサラエボ、ダンブレーンで起きた悲劇に直面した際に感じる恐怖心や同情心と同じようなものになってしまいます。聖金曜日はそうしたレベルをはるかに超えており、それ自体が重要なものです。聖金曜日は、「支配者と権力者」〔エペソ六・一二参照〕が自分たちの力を出そうとして失敗した瞬間です。パウロが別の手紙で述べているように、この世を牛耳る権力者たちは、栄光の主を十字架につけたとき、自分たちが何をしているのかわかっていませんでした〔Iコリント二・八参照〕。プライド、貪欲、恐怖、傲慢、そして暴力が循環し続けるのは、それらが作用するときに、増幅していくからです。ある人のプライドが他の人の嫉妬を生み、一つの暴力行為が別の暴力行為を生みます。こうして、全世界――世界がそれまでに見たこともなかった偉大な帝国、世界がそれまでに知らなかった最高の宗教――のプライドと恐れと暴力が、イエスに対して最悪のことを行いました。にもかかわらず、イエスは、「父よ、彼らをお赦しください。彼らは、自分が何をしているのかが分かっていないのです」と祈られました〔ルカ二三・三四〕。そして、苦々しさも誇りも報復心も持たずに死に、イエスは世界を変えられました。悪に対して愛による勝利を体現されたのです。

しかし、皆さんは言うでしょう。「世界は何も変わっていない。プライドと暴力はいまだになくなっていない。私たちは今もそれらにさらされている。イエスを信じる者たちも」と。この時点でこう言うのは簡単でしょう。「そう。でも、イエスは、人々が世とは違った生き方ができる道を開いてくださいました。だから、私たちは個人としてできるかぎり、そう生きるよう努めるのです」と。確かにそのとおりです。

しかし、新約聖書で述べられているように、十字架はそれよりも深い意味での勝利を語っています。悪が個々の悪行の総体以上のものであるのと同様に、イエスが悪に打ち勝った勝利は、その後の個々人による無私無欲の愛の行為の総体以上のものです。キリスト教の信仰、すなわち、十字架につけられたイエスへの信仰は、イエスが私のために死んでくださったという私の個人的な信念以上のものなのです（もちろんそれがきわめて重要なものであることは言うまでもありません）。それは、十字架の上でイエスが罪、暴力、傲慢、尊大、さらには死そのものにさえ勝利したという信仰であり、その勝利は今も実効性があると信じる信仰です。この信仰は、暴力、貪欲、プライドが手に負えない手強いものであるという考えを受け入れません。この信仰は、私たち自身、私たちの地域社会、私たちの企業や政治生活、信念の中にある破壊的な力に挑み、これを覆そうとします。目に見える証拠がないとしても、それらの力はすでに敗北しており、神の愛の力がそれらよりも強いことを信じ続けるのです。十字架が世界を変えたと言うことは信仰の表明です。けれども、それは盲目的な信仰ではなく、強がりでもありません。創造主である神を見上げ、神が愛の神であることを認める信仰です。そしてその愛が、癒し、和解、希望をもたらすことを切望しつつ世界を見つめる信仰です。

さて、イエスの十字架が世界を変えたというのは、イエスの十字架が神を変えたということでもあります。誤解しないでください。十字架以前の神は怒りに満ちた執念深い暴君であり、十字架以後の神は再び愛に満ちた父となったと言っているのではありません（そのように言う人もいましたが）。パウロとヨハネという二人の偉大な十字架の神学者は、十字架は神ご自身の側からの行動であり、最も大きく最も深い愛の行為であると主張しています。その観点からすると、十字架は、神が世を深く愛しておられたこと、神がキリストにおいて世とご自分とを和解させておられたことが真実であるということを示しているのです。そのとおりです。しかしその過程で、つまり十字架上で、神はずっとそうであった者となられたのです。私にエベレストに登る能力と願望があったとしても、実際に山に登る訓練をして実行してみるまでは、それらは潜在的なものです。皆さんに素晴らしいコンサート・ピアニストになる資質があったとしても、練習し本番に臨まなければ、その輝きは潜在的なままなのです。神はずっと愛の神でした。その愛は、寛大で、自発的で、自由で、喜んで自らをささげる愛でした。けれども、あえて言うならば、神が練習をし本番に臨まなければ、その最も深いレベルでの愛は潜在的なままなのです。神は十字架の上で、世界の基が置かれる前に作曲した愛の楽曲を演奏されます。十字架の上で、神はついに最高峰に登られます。十字架は、最も印象的な方法で神の愛を明らかにするだけにとどまりませんでした。神の愛を行動によって表すことによって明らかにしたのです。十字架は、神の個人的な歴史の一つとなり、まさに中心部分となりました。神が独房の中の四人となり、自らの血で和解の手紙をお書きになるのです。

そして、神は天地創造のときに六日間働き、金曜日に愛に満ちた寛大な創造のわざを完成させ、七日目の土曜日に休まれたように、聖金曜日に、ご自分が達成しようと定めた愛に満ちた寛大なわざをついに完成されるのです。最後の和音の響きは消えてゆき、ピアニストは力尽きて鍵盤を離れます。太陽が山に沈み、登山家は体力を使い果たして帰途につきます。手紙は送られ、四人が死刑台に連れて行かれるにしても、その役割を果たします。神は七日目、大いなる聖土曜日、静寂の時に墓の中で休まれました。情熱と慈愛がその働きをなし、そのわざを完成させました。神はついに、ずっとそうであった者となられたのです。常に世界を愛する方なのです。

そして今、永遠に、十字架は神の中心にあり続け、神を最も鮮明に表す象徴として立ち、神についての最も正確な説明を提供しています。三位一体の教理の重要な要点の一つは、最初の聖金曜日にナザレのイエスに起こったことは、神にも起こったということです。そして、神に起こったことで、神が原理的にずっとそうであったということを、実際のこととしてはっきりと示したのです。だからこそ、聖金曜日に教会を訪れる人々は、木片を崇めるのではなく（それは結局のところ、異教徒の愚行としか言いようがないのですが）、生ける神、愛の神を最も真実に象徴するイコンとして十字架を用いるのです。どんなイコンでもそうであるように、重要なのは、それを通して現実を見つめることです。十字架は、あらゆる真の象徴と同様に、言葉よりも深くその現実について語りかけてくれるのです。

そして、私たちが仰ぎ見、礼拝するとき、変えられているのは世界だけではありません。神だけでもありません。私たち自身が変えられます。私たちは、見知らぬ人の微笑みによって変えられます。愛である方の御顔を見るときに、私たちは変えられずにいられるでしょうか。私たちは、囚人であるお方が広げた御腕に捕らえられ、抱かれていることに気づきます。そのしっかり伸ばされた腱の軋《きし》む音に魅了されます。山頂へと抱き上げられて、そこから世界全体を新しい視点で見るようになります。そしてその愛によって囚人となった私たち自身が、新しいアイデンティティを持つようになります。その愛によって自らのプライドや恐れ、貪欲さや傲慢さから解放され、和解と希望、癒しと愛の担い手として自由の身となります。私たちは手紙を書く囚人となります。神と世界に手を差し伸べ、自分自身、自分の行動、自分の言葉、自分の生活の中で、両者をつなぎ合わせます。これが世界のために祈るということです。これがキリスト者の政治活動です。これが病人を見舞い、死にゆく人々に寄り添うということです。これが結婚カウンセリングです。これが、数多くの人々の中で私たちがキリスト者になるよう召されたということなのです。

そして、これらのことは、私たち自身の努力や意志の力によって思いつき、考え出したものではありません。イエスの十字架が決定的に世界を変え、カルバリ以来、世界の創造主が十字架という象徴によって知られるようになった出来事から導かれ、流れ出るものなのです。

そして、私たちがこの十字架の形をした和解の働きに従事するときに、自分自身が引き裂かれるように感じることがありますが、決して驚かないでください。私たちは「十字架を負う」とか「負うべき十字架を持つ」とかと言いますが、それは神が恣意的に私たちに痛みや問題を与え、困難な状況に導き、私たちが安易な生活を送らないようにしておられることであると考えてしまうことがあります。けれども、そうではありません。悪が人間の悪行の総体以上のものであり、悪に対する神の勝利が、その後の人間の愛の行為の総体以上のものであるように、私たちの和解の働きも、単に私たちが語る言葉や私たちが行う身体的行為以上のものなのです。私たち自身は全人格として、私たちの理解を超えた形でその過程に巻き込まれます。そして、私たちの苦しみがどのようなものであれ、キリストご自身の苦しみ、神ご自身の苦しみの一部となり〔コロサイ一・二四参照〕、私たちの想像を超えたレベルと深みにおいて癒しと和解をもたらすのです。私たちに課せられた務めは、十字架の召しに忠実であること、すなわち、神の愛の代理人として神の新しい世界に生きること、そして私たちがいま背負っている十字架が世界の癒しと和解をもたらす一助となるように祈ることです。私たちの痛み、病気、心の傷、深いフラストレーションが、神の痛みと世界の癒しにどのように取り込まれるのかということは、現時点では理解できないでしょう。けれども、私たちがそのことを神にゆだねるなら、まさに現実となるのです。

ですから、聖金曜日に私たちが行うことは、神への献身の思いを奮い立たせる以上のことです――確かにそれも大切なことですが。そして、神学的真理を学ぶこと以上のことです――もちろんそれも不可欠なことですが。それは愛なる方の御顔を仰ぎ見ることであり、その愛を世界に反映させることです。カルバリで自らを変えられた神の姿へと、私たち自身も変えられるようにすることです。そうすることで、最初の聖金曜日に決定的に変えられた世界が、十字架において出会い抱きしめ合った愛と正義と平和を反映する世界へと変えられていくのです。それは、私たちの罪のために死刑囚となった方から人生の意味を学ぶことです。神の広げられた御腕の中で和解を見いだすことです。

# 第7章　ためらわずに言います（骨はないのです）

一九九六年の棕櫚《しゅろ》の主日〔受難週が始まる日曜日〕に「サンデータイムズ」紙がイエスの墓についての特集を組みました。少なくとも、イエスの墓についての内容になるはずでした。しかし、実際にはだれもはっきりとした主張をする人はいませんでした。予想に違わず紛らわしい見出しもありました。ある人は、この発見がキリスト教の根幹を揺るがしていると示唆しました。ある人は、「その名を語ることを憚られる墓」と語りました。これはまったく愚かなことです。というのは、その名を語ることこそが墓なのであって、それゆえ特集が組まれたからです。他の新聞もこの議論に加わりました。ラジオ局もその週は毎日その話題で持ちきりでした。

何が起こったかというと、こういうことです。BBCのプロデューサー二人が、イースターの日曜日に放映される『問題の核心』（The Heart of the Matter）という番組の新しい素材を探しに出かけました。二人は、復活の本質についての議論を喚起したいと考えたのです。パレスチナでイエスの遺骨が実際に発見されたとしよう。それはキリスト教信仰にどんな影響を与えるのか。そこで彼らはイエスの遺骨が納められている箱、骨壺を探しました。そして、「ヨセフの子、イエス」と書かれた骨壺を発見しました（実際には彼らは一つだけを追跡調査をしたのですが、複数の骨壺を発見したのです）。しかもそれは家族の墓で見つかりました。その家族の墓には、ヨセフ、マリア、もう一人のマリア、マタイ、そして「イエスの子」と記されたユダという名前の人の箱がありました。ところが実際には、箱の中は空っぽでした。おそらく昔、盗掘者がそこに入ったのでしょう。つまり、骨はなかったのです〔訳注＝この言葉は、「ためらわずに言う」という意味の慣用句でもあり、掛詞として使われています〕。

ところが、ジャーナリストたちは、二と二を合わせて十七という数字を生み出すのを得意とします。これはイエスの墓ではないだろうか。もしそうなら、キリスト教の根幹を揺るがすのではないか。

まず初めに言っておきたいのは、ナザレのイエスが復活したという話をこれまでだれも語っていなかったとしても、この墓が福音書に登場するイエス、マリア、ヨセフのものではない可能性は非常に高いということです。「マリア」は、当時最も一般的な女性の名前でした。「ヨセフ」と「イエス」も最も一般的な男性の名前であり、「ユダ」「ユダス」もそれに次ぐほど一般的でした。つまり、これらの名前が一つの家族の墓碑に刻まれているのを発見することは、トム、ディック、ハリーといった名前の家族が刻まれた英国の墓碑に出合うようなものなのです。もっと言うなら、今から二千年後に考古学者が、フィリップとエリザベスという両親と、チャールズとアンという子どもたちの名前を刻んだ英国の墓を発見し、これは英国王室の墓に違いないと主張するようなものです。イスラエルの考古学者たちは、キリスト教を擁護することに興味を持たない者ばかりですが、これがナザレのイエスの墓であったなどという考えを鼻であしらっていました。

第二に、もしこれがイエスとその家族の墓であったなら、かなり奇妙なことです。一家はナザレに住んでいましたし、そして（おそらく）ヨセフは、イエスが公の働きを始められる前にナザレで亡くなっていたと思われるのに、なぜ墓がエルサレムにあるのでしょうか。イエスの最も有名な兄弟であるヤコブや、ヨセ、シモン（マルコの福音書六章三節に、名前の記されていない妹たちとともに記載されています）の名前がないのはなぜでしょうか。そして、いったいなぜイエスの息子がいるのでしょうか。結婚していた、いなかったにかかわらず、イエスに子どもがいたなどという証拠はどこにもありません。イエスの家族、つまり兄弟たちや甥たちが初代教会ではよく知られていたことを思い起こす必要があります。イエスの死後六十年に、イエスの甥の息子たちが王族であると自任しているということで、ローマ皇帝ドミティアヌスが彼らを非難しました。もしイエスに息子がいたなら、当時の人々は当然そのことを知っていたはずです。それは重要なことだったでしょうから。

しかし、最も深刻な問題はこれから述べることです。そしてそれは、私がここで注目したいイースターの真のメッセージにつながります。骨の入っている箱、骨壺は、二段階の埋葬プロセスの第二段階で用いられていました。一世紀のユダヤ人の多くは、次の方法で埋葬されました。まず、遺体は布に包まれ、香料を塗られ、板の上に寝かされます。墓は地面に穴を掘ったものではなく、洞穴でした。そこには可動式の石造りの扉がありました。遺族や友人たちは然るべき時になったら、他の遺体も同じ洞穴の他の棚に安置します。そして一年以上経って肉体が完全に腐敗してから、親族や友人たちは墓に戻って骨を集め、骨壺に納めます。骨壺は、およそ六〇センチ×三〇センチ×三〇センチの大きさの箱で、同じ洞穴の奥まった場所か別の場所に保管されました。福音書に記されているイエスの埋葬は、二段階の埋葬の第一段階だったわけです。

では、イエスの骨を集めて骨壺に納めるために墓に戻ろうと考えた人がいたでしょうか。そう考えた人はだれもいませんでした。イエスの体が墓にないことは初期の教会全体が知っていました。彼らは、神がイエスを復活させ、その過程でその体を変容させたと信じていたのです。これは、現世に戻る蘇生ではなく、復活であり、死を通り抜けて新しい体の様態に入る神の新たな創造の始まりです。もし弟子たちが「復活」と呼んでいたものが、墓に肉体を残したままの、いわゆる「霊的」な出来事であると信じていたとしたら、遅かれ早かれ、だれかが墓に戻って、イエスの骨を集め、それを適切な場所に保管したことでしょう。埋葬の第一段階を終えただけの遺骨を、そのまま墓の棚に放置することはできなかったし、そうするはずもなかったのです。その墓は、当時の多くの墓のように、家族の墓として設計されていました。さらに家族が亡くなると、親族が再び遺体を墓に運んで来て、墓の別のところに安置したでしょう。イエスが横たえられた棚も再びだれかのために必要になったでしょう。それでも、もしイエスの骨をきれいに片づけ、骨壺に納めるためにだれかが戻って来たとしたら、キリスト教は始まる前に完全に崩壊したことでしょう。イエスが死から肉体的によみがえったことを否定する現代の学者たちでさえも、初期のキリスト者たちはみなイエスがよみがえったと考え、それが彼らの全生涯の基礎となっていたと明言しています。

それゆえ、骨壺の問題を徹底的に追究すると、逆説的なことに、イエスの復活を支持するという逆の証拠のようなものが得られるのです。ジャーナリストたちが主張している墓がイエスのものでないだけではありません。二段階の埋葬のプロセスに注目させることで、もし二段階目の埋葬プロセスが行われたならば、キリスト教が順調にスタートすることがなかったことに気づかせたのです。そのことはためらわずに言うことができます。スクープを狙うあまり、ジャーナリストたちは思いがけず、そのような重要なことに光を当てたというわけです。

ご存じのように、イエスの復活を信じることは、死後のいのちを信じることだけではありません。受難週のラジオ番組で、先の新聞記事について、イエスの遺骨がパレスチナのどこかに今も眠っていても、それは問題ではないと主張する人がいました。「私が死んだら天国に行くと思いますが、自分の骨は持って行かないでしょう。だから、イエスが同じようにしてもおかしくないでしょう」と言うのです。このような考え方や、これに類する理解がかなり広まっているのではないか、と私は思っています。ですから、この誤りを指摘するのも価値があるでしょう。イエスの復活を信じることは、イエスが死後、ただ「天国へ行った」と信じることではありません。偉大な聖人や殉教者のように、神が栄誉をもってみもとに迎え入れるということではないのです。ユダヤ人はあらゆる人について、そのようになると信じていました。ですから、それは目新しいことではなく、取り立てて話題にすることでもありませんでした。しかしイースター信仰とは、イエスが死を経験し、新しい種類の肉体の存在となったと信じることであり、その中で、元の肉体は新しい特性と性質を持つものに変容したということです。復活について最初に書き記したキリスト者である聖パウロは、イエスの復活から私たちの復活について結論を導き出す際に、世の終わりの時に生きている人の肉体は変えられると述べています。パウロは、種と植物、またドングリと樫の木について語っています。私たちの肉体は捨てられてしまうのではありません。変容するのです〔Iコリント一五章、英訳参照〕。初期のキリスト者たちと同様にパウロも、イエスにそのことが起こったと考えていたのです。

では、初期のキリスト者たちにとって復活とは何だったのでしょうか。二十世紀末の世界と教会にとって、そして私にとって復活はいったい何を意味するのでしょうか。

初期のキリスト者たちは、イエスに起こった出来事を、旧約聖書のユダヤ教の信仰に即してすぐに理解するようになりました。すなわち、生ける神がいつの日かイスラエルの捕囚と抑圧の問題を解決し、それによって全世界の悪と不正の問題をも解決してくださるということです。

それが、「聖書に書いてあるとおりに」復活が起こったという意味です〔Iコリント一五・四参照〕。預言の約束と長年の希望が成就したということです。おおざっぱに言うと、復活は、十字架が敗北ではなく勝利であったことを示したのです。聖パウロが言うように、もしキリストが復活しなかったのなら、皆さんの信仰は空しく、皆さんは今なお自分の罪の中にいます。しかし、キリストが復活したのなら、それは十字架上でキリストが死を打ち破り、それゆえに罪、そしてあらゆる悪と不正を完全に打ち負かしたことを示しているのです。イースターとは、ただある人物が死を経験し、向こう側の世界へ行ったということではありません。他の事とはまったく関連性のない異例の出来事のようなものではありません。超自然的な力が一度きり現れたようなものでもありません。この世の諸問題に対して示された神の答えなのです。

　イエスの復活に対する初期のキリスト者の信仰は、この現実の世界で実際起こったことに対する信仰でした。単に超越的な次元のこと、この世界から遊離した精神的な別世界について信じることではありませんでした。そのように伝え続けられた復活のメッセージも、「死後にいのちがある」というものではありませんでした。確かに死後にいのちはあって、神の民はみなそれを継承します。けれども重要なのは、現代の多くの西洋人が考えるような「死後のいのち」ではないということです。それは、神の民がイエスの体のような新しい体を与えられ、神が創造する新天新地にあずかるということなのです。復活のメッセージは、この世界は大切であるということ、生ける神は癒しとすべてに打ち勝つ愛をもって、この世界にしっかりとした橋頭堡《きょうとうほ》を築くということです。そして、この愛の名のもと、この世のあらゆる悪、あらゆる不正、あらゆる痛みは、癒し、正義、愛が勝利したという知らせをもって対処されなければならないということです。だからこそ、私たちは、「御国が来ますように。みこころが天で行われるように、地でも行われますように」と祈るのです。ためらわずに言います。イースターは、その祈りに対する最初の偉大な答えなのです。

もしイースター信仰が、神が私たちの一部に、あるいは私たちのみんなに、快適な死後の世界を提供してくださると信じるだけだとしたら、キリスト教は「みこころが天で行われるように、地でも行われるように」という天の御国の宗教ではなく、「絵に描いた餅」のような非現実的な宗教になってしまいます。あるいは、もしイースター信仰が、イエスの肉体を墓に残したまま、何らかの「霊的な」意味でイエスがよみがえったことを信じるだけのものであるとしたら、キリスト教は、「みこころが天で行われるように、地でも行われるように」という天の御国の宗教ではなく、「世界が苦しむのは自業自得だ」とする宗教になってしまいます。あるいは、もしイースター信仰が、私や皆さんに関するもので、今ここにおける私たちの個人的な霊的生活に新しい次元をもたらすだけのものであるとしたら、キリスト教は、「みこころが天で行われるように、地でも行われる」という天の御国の宗教ではなく、「心を温める」だけの宗教になってしまいます。神から離れている世界や、天の御国のメッセージを必要としている神の世界の外側ではなく、自分や自分が生きながらえること、自分の神の感覚、自分の霊性といったことに焦点を当てる宗教になってしまいます。けれども、もしイエスが本当に死者の中からよみがえったのであるなら、キリスト教は新約聖書が主張しているとおりのものになります。それは、全世界のための良き知らせです。心を温めるだけにとどまらないゆえに、私たちの心をしっかりと温めるという知らせなのです。生ける神は悪を一度に完全に滅ぼし、最初のイースターの日にイエスになさったと同じことを、今ご自分の御霊によって、私たちと全世界に対して行おうとしておられます。

それで、イースターを祝う私たちは物質的なもの、すなわち、水（特に古代キリスト教の習慣にあるように、復活徹夜祭のときにバプテスマを受けることがあります）や、ユーカリスト〔聖餐式、主の晩餐〕のパンとぶどう酒で祝うのです。イースターは、生ける神が空間、時間、物質の世界をご自分のものであると主張するものです。それで、イースターを祝うキリスト者たちはキャンドルや花、香料や旗、そして何よりも音楽で祝うのです。生ける癒し主である神によって被造物の世界は取り戻されてきました。それで、レントの断食の後のイースターを祝う私たちは、罪に汚れた生活に戻るという罪責感ではなく、神の創造の豊かな多様性の素晴らしさをたたえるという喜びに満たされて祝うのです。それで、イースターを祝うことは私たち一人ひとりを神の聖《きよ》い道へと導くのです――それは消極的で陰鬱な聖さではなく、神の道こそが真の喜び、真の充足の道という認識のもと、神に自らをささげるという積極的なものです――。それで、不正、暴力、堕落、そして様々な悪がいまだにはびこる世界、国、また地域においてイースターを祝うことは、そうした事態を、神はもちろんのこと、私たちも容認しないという最も力強い象徴的な意思表示となるのです。そして、それらすべての悪に打ち勝つイエスの勝利を具現化するために、神のあらゆる御力をもって働き、計画を立て、祈り、意見を述べるのです。真のイースター信仰、真のイースターの祝祭、真のイースターの聖さは、真のイースターの意図に基づいて現されなければなりません。そのことをためらわずに言いましょう。

カール・マルクスらの古い揶揄《やゆ》によれば、キリスト教は人々を自分の境遇に満足させ、他人が悲惨な目に遭い、不正で苦しむのを見て満足させる、ということです。未来における霊化された天国と、今ここでの霊的な経験についてしか語らないからだというのです。こうした揶揄は、中身の薄いキリスト教に対するもっともな批判で、イエスの遺体はジョン・ブラウンの遺体〔訳注＝ジョン・ブラウンは米国の奴隷制度廃止運動家。一八〇〇～一八五九年。奴隷反乱の罪で処刑されたが、南北戦争勃発後、北軍は『ジョン・ブラウンの遺体』という歌を歌いながら行進しました〕のように、墓の中で朽ちていったが、たましいは行進し続けていると言いたいのです。けれども、これは復活という真のキリスト教信仰の要点を完全に見落としています。興味深いことがあります。福音書で、復活の最初の証人がみなどのように走っているかに注目してみてください。福音書の中で人々が走るという言及の半分は、復活の物語に出てきます。女性たちが墓から走り出し、ペテロとヨハネが墓へと走り、エマオの弟子たちがエルサレムに急いで戻りました。とにかくすぐにでも良い知らせを世に伝えたい、実際に伝えるという、神から与え

郵便はがき

| |
|---|
| 恐縮ですが<br>切手を<br>おはりください |

164-0001

東京都中野区中野 2-1-5

# いのちのことば社

出版部行

ホームページアドレス　https://www.wlpm.or.jp/

| | | | | |
|---|---|---|---|---|
| お名前 | フリガナ | 性別 | 年齢 | ご職業 |
| | | | | |
| ご住所 | 〒 | Tel.　　　（　　　） | | |
| | | | | |
| 所属（教団）教会名 | | 牧師　伝道師　役員<br>神学生　ＣＳ教師　信徒　求道中<br>その他<br>該当の欄を○で囲んで下さい。 | | |

WEBで簡単「愛読者フォーム」はこちらから！

https://www.wlpm.or.jp/pub/rd

簡単な入力で書籍へのご感想を投稿いただけます。

新刊・イベント情報を受け取れる、メールマガジンのご登録もしていただけます！

ご記入いただきました情報は、貴重なご意見として、主に今後の出版計画の参考にさせていただきます。その他、「いのちのことば社個人情報保護方針（https://www.wlpm.or.jp/about/privacy_p/）」に基づく範囲内で、各案内の発送などに利用させていただくことがあります。

(2024.6)

られたこの活力が、今日の教会のどこにあるでしょうか。もしそれが欠けているとしたら、それは、あまりにも多くのキリスト者が、〝神はこの世に関心を持っていない。イエスの復活はこの世で起こったことではない。重要なのは私の個人的な来世での救いだけだ〟という考えに陥っているためではないでしょうか。

イエスの体の復活は、信じるキリスト者もいれば、信じないキリスト者もいるというような、どちらでも良いという問題ではありません。もしそうであるならば、全体像がまったく変わってしまいます。もしそうであるならば、カール・マルクスが、キリスト教は物質世界の問題をまったく無視していると非難したことは正しかったことになるでしょう。もしそうであるならば、ジークムント・フロイトが、キリスト教は願望充足の宗教であると言ったことは正しかったことになるでしょう。もしそうであるならば、フリードリヒ・ニーチェが、キリスト教は弱虫のための宗教であると言ったことも正しかったことになるでしょう。もしイエスの体の復活を信じるならば、マルクス、フロイト、ニーチェを預言者とするポストモダンの世界に対抗できる信仰を皆さんは持つことになります。そして、神の愚かさは人よりも賢く、神の弱さは人よりも強いというイースターの知らせによって、皆さんは彼らの土俵で彼らを打ち負かすことができるのです。

ですから、主イエス・キリストの復活の力を祝う人々は、大きな責務、そして譲れない責任を負っています。私たちが「ハレルヤ！　キリストはよみがえった」と言うとき、今日世界の主と自任する者たちではなく、イエスこそ世界の主であると表明しているのです。「ユダの獅子が鎖を破り、蛇の頭を砕いた」という古い賛美歌を歌うとき、私たちはその勝利を実現する準備ができているでしょうか。教会が絶えず冒瀆され、破壊されている文明国英国で、私たちは仲間のキリスト者とともに立ちあがる準備ができているでしょうか。思いやりに欠け、不公正な制度に、わからないように押し潰されている遠方の地域はもちろんのこと、私たちの地域社会の人々のために声を上げ、行動を起こす準備ができているでしょうか。夕食の席で、カフェで、議会の場で、福音の真理のために声を上げる準備ができているでしょうか。ためらわずに言いましょう。イースターが良い知らせでなかったならば、良い知らせなど皆無です。しかし、もしイースターが良い知らせであるならば、もしイエス・キリストが本当に復活したのならば、イースターの日、そしてイースターのメッセージは真の太陽であり、他のどんな太陽をもしのぐ日の出となるのです。

よしんば　東より昇りくる太陽は
光を恵み、東は香料をくれるとも、
もしも彼らが　御身の甦りと競おうなどと
申そうものなら、それは僭越の極み。

この日のほかに　どんな日が　在り得ようか、
たとい幾多の太陽が　照り輝かんと努めるとも。
おおよそ三百日の一年《ひととせ》を数えみるとも　そんな日は見つからぬ、
唯ひとつ、この一日が　永劫に在るのみなのだ。

（ジョージ・ハーバート、「イースター──ザ・ソング」）
〔『ジョージ・ハーバート詩集』鬼塚敬一訳、南雲堂、三九ページ〕

# 第Ⅱ部　神のイメージを世界に反映する

# 第8章　思い起こす

『ロード・オブ・ザ・リング（指輪物語）』が最初に出版されたとき、一人の批評家が、著者のJ・R・R・トールキンは「現実逃避」の文学を書いている、と非難しました。それに対してトールキンはこう答えました。「わかりました。では、人に逃げてほしくないと思っているのはだれですか。それは刑務所の看守ぐらいですよ。」まさにそのとおりです。けれども、私たちは逃げていないでしょうか。今日、宗派間や民族間の暴力によって、人々が引き裂かれている地域があります。地球村のどこかから内戦の恐ろしい状況がテレビに映し出されるのを私たちは目の当たりにしています。世界の至るところで戦争や戦争の噂が飛び交っているのを耳にしています。そうしたなかで私たちは、戦争当事者に武器を供給する文明国に住み、何事もないかのように陽気に暮らしています。そして、戦争や戦争の噂を公な場で記憶しようとするときには、造花のポピー（ケシ）をつけて、壮大なマニフィカートを歌います。〔訳注＝英国では、第一次世界大戦が終結した十一月十一日が近づくと、戦没者追悼を意味する赤いポピーを身につけて、讃美歌を歌う人が増えます。〕「現実逃避」という批判に対して、私たちはどう言い返すのでしょうか。T・S・エリオットが「賢者たち」〔東方の博士たち〕について言及したように、私たちの耳の中で鳴っている「こんなことはまったくばかげているよ」との声〔訳注＝「賢者の旅」という詩の中の一節〕に、どう答えるのでしょうか。

出エジプト記を見てみましょう。モーセは逃げました。彼は、捕らわれの身であったイスラエル人が解放されることを夢見ていました。そしてまずエジプト人を殺すことで、これを実現しようとしました。しかしそれはうまくいかず、深い苦境に陥り、急いで町を去ることになりました。彼の場当たり的な解決策は事態を悪化させるだけでした。ところが、彼が荒野で羊飼いとして生活している間に、イスラエルの民の窮状は悲惨さを極め、彼らは苦しみの中で神に叫び声をあげました。すると、神は民のその声を聞き、アブラハム、イサク、ヤコブと結んだ契約を思い起こされるのです。私たちの記憶はしばしば郷愁や非難へと変わってしまいますが、神の記憶は行動へと変わります。そして、モーセが荒野にある柴の茂みの前に立っている場面に移ります。その茂みは燃えていますが、火で燃え尽きることはありませんでした。

モーセは以前、神について聞いたことがありました。神の代わりに行動しようとしたこともありました。そして今、神の臨在の前に立ち、突然すべてがまったく違って見えたのです。モーセは、別の木の前にいたアダムのように、恐れをなして身を隠します。ところが、燃える炎として現れた神はそこから逃げることがありません。そして、モーセに語りかけられます。その言葉は、苦しむ民に対する神の大いなるあわれみを伝えるものであり、希望と約束と契約の愛とに満ちたものでした。モーセは、神の美と力と威厳の前で畏敬の念をもって立つように命じられます。そうすることで、エジプトの王ファラオの壮麗さと権力の前で恐れることなく立ち、唯一の真の神の名において、神の真の民の解放を要求することができるようになるためです。

　物語の後半で、モーセは非常に柔和だったと語られています〔民数一二・三参照〕。誤解しないでいただきたいのですが、「柔和」(meek)という言葉は「弱い」(weak)という意味ではありません。これは、飼い慣らされた野生の馬に対して使う言葉です。神のみこころを行おうと突進し、エジプト人を殺害した青年モーセは、役に立たないどころか有害な野生の馬でした。ファラオの前に立つ成熟したモーセは、声を荒げることもありませんでした。そこには、飼い慣らされた野生の馬がいました。この違いの秘密は、燃える柴の前で起こったことにあります。モーセは生ける神の臨在の面前に立って震えあがったのです。

　モーセは問題から逃れて荒野に逃げ込みました。しかし、神から逃れたわけではありません。もう一度視点を広げて、燃える柴の物語全体を見ると、何が起こっていたのかがわかります。モーセが柴の茂みの前で神とお会いしたのは、神が民の叫びを聞き、約束を思い起こされたからでした。そして、彼が柴の茂みの前で神とお会いしたのは、神がその約束を実行に移すための代理人として彼を召すためでした。モーセのかつての失敗は、ただ見過ごされたわけではありません。実はそれも訓練の一つだったのです。モーセは、民を解放するための間違った方法を認識していました。そして今、火の中から聞こえる声を聞くことで、正しい方法を発見することとなったのです。

今日、西洋社会は、モーセが急いでエジプトを去らなければならなかったときと同じ段階に至っているのではないでしょうか。私たちの社会が切実に必要としているのは、生ける神についての新たなビジョンではないでしょうか。私たちが礼拝で行っていることは、現実逃避とは程遠いものであり、実際にそのビジョンに燃料を供給し、火をつけるためのものです。現実逃避とは行動を伴わないビジョンは、確かに現実逃避です。ビジョンのない行動は無謀な愚行です。現在、教会にも世界にも、この二つがかなりの程度ありますが、おそらく前者よりも後者（ビジョンのない行動）の割合のほうが多いでしょう。しかし神は、ご自分の約束を思い起こしたとき、神の救いの契約の愛という燃えるようなビジョンに基づいて行動する人々を通して、みわざを行われるのです。

私たちの社会はどこに到達したのでしょうか。ある人たちが言うように、私たちは道徳感覚を失ってしまったわけではありません。実際、私たちの時代は非常に道徳的な時代です。たとえば、キツネ狩りに抗議する人々の純粋な道徳的怒りのことを考えてください〔訳注＝英国では、二〇〇五年までキツネ狩りがスポーツとして合法的に行われていました〕。ただ私たちはこれまで道徳的な目標を変えてきただけなのです。「自分たちのため」という理由で、古い性道徳を押しつけられることに嫌悪感をいだく人々が、今度は「自分たちのため」という理由で、新たな環境保護道徳を他人に押しつけようと躍起になっています。これが道徳の混乱を招く原因となり、今まさにその混乱が至るところで起きているのです。

いくつかの例をあげてみましょう。私たちはみな正義を熱烈に支持していますが、正義がいつのまにか私たちの指の間をすり抜けていっています。私たちはみな世界の平和を切望していますが、それをどのように達成するかはよくわかっていません。湾岸戦争のように何かをすると決めた際も、結局は世界で最も圧制的ないくつかの政権を保護し、これに権利を与え、その一方でクルド人たちが山の中で凍え、シーア派の人々が湿地帯で毒ガスを浴びせられるに至りました。ベルリンの壁崩壊は、世界をどのように運営すべきかがわかったかのような幻想を私たちにいだかせましたが、それ以後、善と悪という短絡的な二分化法によって、西洋はあのときのモーセのように、間違った理由で正しいことをし、正しい理由で間違ったことをし、そしてしばしば間違った理由で間違ったことをするようになりました。西洋世界全体で人々は、これからいったいどうなるのかと不安をいだいています。

一方、貧困の中にある人々の叫び声はますます大きくなっています。三千五百年前にエジプトでご自分の民の叫びを聞いていた生ける神は、ベルファストの遺族たち、土地を奪われたパレスチナの人々、飢餓に苦しむスーダンの人々、ボスニアなどで凍えるような冬を家や病院で過ごす人々、打ちのめされ、くたくたに疲れ果てた人々の声を確かに聞いておられるはずです。そして、もし神がこうした叫びを聞き、狼が子羊とともに宿り、剣が鋤に打ち直され〔イザヤ一一・六、二一・四〕、全地が神の栄光と正義と平和で満たされるという約束を思い起こされるなら、どのような行動を取られるでしょうか。神は何をなさるでしょうか。神が約束を思い起こされるとき、その記憶が神を行動へと駆り立てます。〔『鏡の国のアリス』の〕赤の女王が言ったように、過去にしか働かないとすれば、それはお粗末な記憶です。しかし、神の行動スタイルは当時も今も変わりません。火の中に現れる神の新たなビジョンを垣間見、神の約束の言葉を自分の耳で聞いた人々を通して、あるいは個人を通して神は働かれるのです。その人々はおそらく私たちの思いもよらない人物でしょう。モーセのように、その人たち自身がそうなることを期待していないでしょうし、望んでもいないでしょう。しかし、燃えるような生ける神の前に恐れを持って立つなら、その人たちは今日のファラオの前に恐れることなく立ち向かえるでしょう。

では、私たちはこの神の前に恐れを持って立つことをどこで学ぶのでしょうか。それは礼拝においてです。現代の教会は、神への礼拝をよりわかりやすくしようと努めていますが、そのことがしばしば礼拝を平凡化しているようです。もちろん、礼拝が無意味な宗教儀式に陥らないようにするために、ある程度の理解は求められます。けれども、炎の中に現れる神に直面したときに取るべきふさわしい応答は、合理的な説明をしたり、「会衆はこれならわかるだろう」と考えたり、あるいは最小共通項の言葉や音楽を使ったりすることではなく、ただ御前にひれ伏すことです。そして率直に言えば、礼拝で用いられる音楽やプログラムがそのことを念頭に置いて作られ、演奏されるなら、人々は神の威厳と畏怖の念に直面する可能性が高くなるのです。

そうなると、音楽家や礼拝を導く人たちには確かに大きな責任がのしかかります。教会音楽は磨きあげられた銀の聖杯であり、そこにおいて神の愛の芳醇なぶどう酒が私たちに注がれます。音楽は磨きあげられた火鉢であり、それによって会衆は神の炎で温められます。もちろん、聖杯や火鉢が本来何のためにあるのかを忘れてしまってはわざわいですが、中に何が入っているのか見えないからといって、その光沢や輝きを嘲笑う人々もわざわいです。プロフェッショナル化への誘惑から逃げることもできないでしょう。伝統的な聖歌隊を排除し、代わりに音響システムや電子機器であふれている教会では、プロフェッショナルの人材が必要とされます。伝統的な聖歌隊やオルガニストが二分音符や四分音符に集中するように、その人たちはマイクやスイッチに注意を向け、会衆が滞りなく礼拝できるようにします。しかし、はたしてそれでよいのでしょうか。重要なのは、礼拝において私たちが生ける神の臨在にあずかることではないでしょうか。そして、音楽は適切に用いられるときに、素晴らしい礼拝の中の重要な要素となるのです。

私たちがいと高き聖なる方、炎の中にご自分を現す神と出会うのは、自分自身が変えられ、神の世界の癒しのための代理人となるためです。私たちが礼拝する神は、ご自分の民の叫びを聞き、ご自身の約束を思い起こし、それゆえ、私たちのためだけでなく、私たちを通して行動することを望まれる神です。礼拝をそれ自体として、あるいは、単に「パフォーマンス」（バード〔訳注＝イングランドで活躍したルネサンス音楽の作曲家〕であれ、ヘビーメタルであれ）として楽しむのは、モーセが燃える柴の上で昼食を料理しようとするようなものです。そうであってはなりません。そして、私たちは過去を振り返るとともに、未来を見据える記憶を育む必要があります。私たちは自らの国や社会、個人の生活を形づくってきた過去の出来事を、厳粛な気持ちで思い起こします。しかし、生ける神の前でそうするときに、「わたしは民の叫びを聞いた。だから、わたしは『あなたをファラオに遣わす』」という声にも耳を傾けなければならないのです。真の神を礼拝し、傷つき血を流しているこの方の世界のために祈るとき、私たちは現実逃避者ではありません。それどころか、神が私たちをどんな形で召されるにしても、いまだに牢獄に閉じ込められ、自由を叫び求めている世界を救う神の代理人となるために、私たちは数が多かろうと少なかろうと集まるのです。私たちはさらに輝かしい木の前に立っています。カルバリのその木は、生ける神の心に今も激しく燃えている愛の炎について、どんな言葉よりも真実に語りかけています。

# 第9章　言われたことをしているだけ

彼は言われたことをしているだけでした。

役所が使う最も古くからある手口の一つに、人々が場所を移動する際に税金を課すという制度があります。バンクーバー国際空港でのことです。航空券を買い、手荷物を預け、税関を通り、これで大丈夫と思いきや、さらにもう一つの小さなブースを通らされます。そこで空港使用税として十ドルを徴収されるのです。（これは一九九五年の時点でのことです。すでにこのシステムがなくなっていることを望みますが。）もちろんその時にはもう旅行が決まっていますし、航空券の値段に比べれば十ドルなど大した額ではありません。それで心の中ではボヤきながらも、表立っては文句を言わず、その額を支払います。

毎日何千人もの人から十ドルずつ徴収する側からすれば、これはあまり楽しい仕事ではないでしょう。騙されたように感じている人たちの、見え隠れする怒りを、そしてときには露骨にあらわされる怒りを一身に受ける立場だからです。交通違反の取り締まりや牢屋の看守に似た感じなのかもしれません。しかし、とにかくそれが現実です。これが彼らの仕事なのです。彼らは言われたことをしているだけなのです。

もし一世紀に飛行機があったら、間違いなく空港使用税があったでしょう。ヘロデ大王がエルサレムの神殿を建設することができた理由の一つに（このことを皆さんは知らなかったかもしれませんが）、新しい港を建設し、あらゆる海上交通にその港を否応なく使うようにして、そこで税金を徴収したということがあります。ヘロデ大王が死んだのはイエスが生まれたころで、彼は広大な王国を息子たちに分割相続させました。王国の分割は、今日でいう空港使用税や通行税を非常に多く徴収する結果をもたらしました。皆さんが英国国内を旅行するとして、州境を越えるたびに通行料を支払わなければならないとしたら、どうでしょうか。八〇キロの距離を運転する前にちょっと考えてしまうでしょう。

それでは、イエスの時代にはどこで税金を支払ったでしょうか。国境ではありません。というのは、町から何キロも離れたところに小さな徴収所をぽつんと置くのは危険だからです。そのため、徴収所は国境を越えてから最初に到着する町に置かれていました。ヘロデ大王の死後、彼の王国北部は息子のピリポとアンティパスの間で東西に分割されました。ピリポの領土からアンティパスの領土まで西へ向かって移動するときには、ガリラヤ湖のすぐ北に位置するヨルダン川を渡って、国境を越えることになります。そして、西側で最初にある町がカペナウムです。カペナウムには、アルパヨの子レビと呼ばれる人がいつもひきつった笑顔で、手を差し出して待っていました。そこへ行った人々は、今日のバンクーバー国際空港に来た人たちと同じ思いだったでしょう。ただ、当時の人々のほうがより苦々しい思いを持っていたでしょう。なぜならアルパヨの子レビは、払わなければならない金額に上乗せをし、その分を自分の懐に入れて生活費にしていたからです。レビはそのことを人々に知られていると認識していましたし、人々も彼がそう認識していることを知っていました。それがずっと続いていたのです。

とはいえ、彼はただ自分の仕事をしていただけなのです。

しかし、ちょっと考えてみましょう。週に六日、年間五十週、ひきつった笑顔で過ごしたら――たとえ過越の祭りや他の祝日を考慮しても――、それは人の心にどんな影響を与えるでしょうか。人として生きるのにとても健全とは言えないでしょう。いろいろなことがその人の中で起こってくるでしょう。表情にも出てくるでしょう。声のトーンにも表れるでしょう。表面上の礼儀正しさが、かえって心の奥底に怒りをため込んでいきます。怒りは家庭の中で姿を現し、妻に対して、子どもたちに対して出てくるかもしれません。アルパヨの子レビは、本当は徴収係などになりたくなかったのかもしれません。そうした徴収制度が担当者を必要とし、彼はその職に就いたのです。社会で孤立していること、表面的には礼儀正しい社会からの冷たい視線が、彼の生き方に反映していたでしょう。それでも彼は仕事に集中しなければならず、おそらく自分の気持ちと向き合うことがなかったでしょう。そして、そうしたこともその人に影響を与えるものです。自分自身を見つめることを恐れる人が多いのは、自分が見つめるかもしれないものを恐れるからです。もし私がアルパヨの子レビであれば、私も恐れたと思います。

これから古代の歴史をひも解き、アマチュアの心理学者がするようなことをします。それはレビの物語を読み進めるためです（マルコ二・一三〜一七）。マルコの福音書を最初に読んだ人たちは、最初の一文を見て、そのすべてを直感的に理解したと思われます。私たちが回りくどい道を通ってたどり着くところを、彼らは本能的に見抜いたでしょう。神がついに王となると、行く先々で宣言していたナザレのイエスが、アルパヨの子レビの心の中を見て、「わたしについて来なさい」と言われた記事を読んで、小さな世界のすべてがひっくり返るような衝撃と感覚を味わったでしょう。

マタイの福音書では、この話は一連の癒しの奇跡の物語の中に入っています。それには理由があります。これも癒しの奇跡の物語だからです。イエスがレビの家へ食事をするために行かれると、伝統の守護者を自任する人々が不平を言います（神の国の到来を宣言する人は、レビのような人とは付き合わないはずだからだ、と）。しかし、イエスは医療のたとえを用いてお答えになりました。医者を必要とするのは、丈夫な人ではなく病人です、と。それゆえ、これは確かに癒しの奇跡なのです。アルパヨの子レビは以前とはまったく変わったからです。だれかが彼を人間として扱ってくれたのです。だれかが彼を必要としたのです。レビは、だれかが自分を愛してくれたと認識したのでしょう。真の癒しは心の中から始まります。イエスの言葉と行為がアルパヨの子レビの心に触れ、彼を見いだしたのです。

マルコの福音書では、この話は、イエスが神の新たな秩序をこの世界にもたらしていることを次々に示す物語の一つになっています。それは古い革袋を破る新しいぶどう酒です。太陽が昇った今、ろうそくを吹き消すことができます。イエスがここにいる今、すべてがひっくり返ります。マルコはそのことを伝えたいのです。しかし、新しい道、イエスの革命は、新しさのための新しさではありません。これは、イスラエルが首を長くして待っていた新しさでした。そして、少なくても八百年もの間、預言者ホセアが心に響きわたる言葉を語って以来、イスラエルはこれが起こるのを待ち望んでいました（ホセア一四・一～四）。

イスラエルよ。
あなたの神、主に立ち返れ。
あなたは自分の不義につまずいたのだ。
あなたがたはことばを用意し、
主に立ち返れ。
主に言え。
「すべての不義を赦し、
良きものを受け入れてください。
私たちは唇の果実をささげます。……」

「わたしは彼らの背信を癒やし、
喜びをもって彼らを愛する。
わたしの怒りが彼らから離れ去ったからだ。」

これは、神がイスラエルを回復するという預言であり、イスラエルが、自らの罪が破滅を招いたことを認識し、今も変わらずに愛してくださっている神に立ち返るという預言です。では、この預言が血と肉をまとうとしたら、どのような姿になるのでしょうか。愛することのできない人を愛し、癒すことのできない人を癒し、社会から疎外された人を迎え入れることですべてを新しくする、ガリラヤ付近を歩く若い男性の姿ではないでしょうか。「医者を必要とするのは、丈夫な人ではなく病人です。わたしが来たのは、正しい人を招くためではなく、罪人を招くためです。」これは福音の素晴らしいジョークです。自分は神の前に十分ふさわしい人間であると思うとき、神は言われます。「わたしは自分の前に十分ふさわしい人間には興味がない」と。そして、自分は神の御前にあまりにもふさわしくない人間であると思うときに、神は言われます。「わたしがここに来たのはあなたのためだ」と。

常識をひっくり返す、この幸いな短い話から浮かび上がってくる二つの事柄を、私たちは理解する必要があります。最初の事柄は非常に明快で、よく知られた、このメッセージの中心的なものです。(私はときどき、あまりによく知られていることを語ることで皆さんの知性を傷つけないだろうかと心配になることがあります。けれども私についていえば、シューベルトの『ミサ曲ト長調』やモーツァルトの『アヴェ・ヴェルム・コルプス』を定期的に聴いても飽きることがなく、かえって聴かなかったら何か心が満たされない気分になります。そのように、私にとって神学的に重要であり、実際に神学的な基盤でもあるこの二つのことに耳を傾けることに飽きないでいただければと願います。）私たちが礼拝に行くときに、特にユーカリスト〔聖餐式、主の晩餐〕にあずかるときに、全能の神の前に出て、神が備えてくださる食卓に着きます。それは、私たちが善人だからではなく、私たちが赦された罪人だからです。それは、私たちが医者のところへ行くのは、丈夫だからではなく病気を抱えているからであるのと同様です。人生がすべて順調に進んでいるからではなく、神がそのすべてを良くしてくださり、ご自分のもとに私たちを招いてくださるから、この方のもとへ行くのです。私たちの両手が自分自身の尊大さや独善性で満ちているからではなく、まったく空っぽで、神の愛、神のからだと血、そして神ご自身を受け入れる準備ができているから、みもとへ行くのです。

これはキリスト教にとって、サッカーにおけるボールと同じように基本的なことです。もしボールと関係のないところで相手や観客にタックルをしているようなら、せっかくのサッカーの試合をぶち壊してしまいます。同様に、自分がそこにいるのに値しない者でありながら、そこにいるということを一瞬でも忘れてしまったなら、教会で過ごす時間はかなり悲惨なものとなるでしょう。そしてこの真理が私たちをとらえ、寒い日に温かい飲み物を飲んだときのように私たちの心に染みわたると、キリスト者の共同体《コミュニティ》全体に素晴らしい影響が現れるのです。私たちはみな、神の恵みによってここにいます。ですから、心をゆったりさせましょう。神の前で自分の価値を証明する必要はありません。神の前で自分を偽る必要はありませんし、キリスト者の前でも何かを証明する必要はありません。神の前で自分を偽る必要はありませんし、キリスト者の前でも自らを偽る必要はないのです。十字架のふもとは平坦です。そこから排除されるのは、十字架も神の赦しもイエスの無償の愛もそもそも必要ないと思い込み、自らをそこから排除する人だけです。

ですから、このアルパヨの子レビの話から最初に私の心に届くものは、単純な基本的真理です。すなわち、キリストにあって神が私たちをありのまま愛し、受け入れ、神との交わりに、そして互いの交わりに招いてくださるということです。それは、私たちに何かがあるからではなく、この愛に基づいているからです。

愛は　私に仰せられた、ようこそ！　と。だが私の魂は　たじろいだ
塵と罪とに　心やましく。
でも　目敏《めざと》い愛は、私が初めて内に入ったときから
　ひるみゆくのに　気づかれ給い
近寄りながら　優しく私に尋ねられた、
　この愛に　なにか欠けるものでもあるの？

私は応えた、ここに相応《ふさわ》しい賓客が、と。
　愛は仰せられた、そなたこそが　その賓客なのです。
私がですって、この薄情で恩知らずの？　ああ　愛よ
　私は、御身を見ることもかないませんのに。
愛は　私の手をとり、微笑《ほほえみ》つつ応え給うた、
　誰がそなたの眼を創りました　私でなくして？

ごもっともです、主よ、でも私は　その眼を傷めてしまいました。私の恥辱《はじ》は
　それが似つかわしい場所へ　おやりください。

そなたは知らないの、愛は仰せ給う、誰がその責めを負ったかを。

　それでは、私が　給仕を致します。

すると、愛は仰せられる、そなたこそが席について　私の食べ物を味わうのです。

　そこで、私は座って食べた。

（ジョージ・ハーバート「愛」）〔『ジョージ・ハーバート詩集』鬼塚敬一訳、三九六〜三九七頁〕

この話からもう一つ語りたいことは、現在の教会に対する直接的なチャレンジです。ホセア

書の預言を少し振り返ってみましょう。「わたしは彼らの背信を癒やし、喜びをもって彼らを愛する。わたしの怒りが彼らから離れ去ったからだ」〔ホセア一四・四〕。この預言の言葉が今、現実のものとなったら、どうなるでしょうか。この問いに答えられれば、私たちは宣教計画を立てることができます。「医者を必要とするのは、丈夫な人ではなく病人です。」もし教会がこの「金言」によってこの計画を説明する必要があるとしたら、私たちはどんなことをしているでしょうか。もしそのような説明を必要としていながらも何もしていないとするならば、私たちは、イエス・キリストの福音を今日の世界に本当に伝えているかどうかを自問しなければならないでしょう。私たちは、イエスの名においてこの社会に立ち向かう覚悟を持たなければならないのです。イエスご自身も当時の社会の期待を覆して、共に祝うべきでないとしか思えない人々と一緒に神の御国の到来を祝うことで、当時の社会に立ち向かわれました。

私たちの使命と、その果たし方を考えるうえで重要なのは、私たちの社会で真に必要とされているものは何か、そしてそれにどのように応えられるかをよく考えることです。もちろん、これにはお金も関わってきます。共同体《コミユニテイ》としての教会においては、特に大聖堂でお金を集める場合には、集めたものの一部を他の重要な慈善事業に充てるようにします。大聖堂のために使うお金は、訪れる人々を歓迎し、愛し、福音を伝えるために使われます。大聖堂が観光客から入館料を徴収して会計のつじつまを合わせることに私は反対ですが、その理由の一つは、アルパヨの子レビが差し出す手ではなく、イエスが差し伸べた歓迎の手を持って訪問者たちを迎えるべきであると考えているからです。私たちがそのように訪問客をもてなし、こうした建造物に独自の使命を果たさせようとするなら（英国の大聖堂には、国中の他の「宗教的」建造物を全部合わせたよりも多くの信者でない人々が訪れます）、定期的に大聖堂を用いている人々（いつも集っている教会員、地域の共同体《コミュニティ》、教区など）は可能なかぎり、自分たちが持っているものや自発性をもって、福音宣教を支える必要があります。

しかし、お金は大切であっても、それがすべてではありません。道を通った人々はみなレビにお金を支払いましたが、イエスは別のものを彼に与えました。イエスはレビに人間性を取り戻させたのです。私たちは自分の周りを見回して、人間性を奪われている人々がいることに気づかなければなりません。彼らは仕事のことや職を失ったことで苦しんでいるかもしれません。住む家がないことで苦しんでいるかもしれません。そして家族のこと、あるいは家族がいないことで苦しんでいるかもしれません。私たちは、イエスがアルパヨの子レビに伝えるその姿から、人々に伝える方法を学ぶ必要があります。彼らは神が造られた人間であって、価値ある存在であり、自分が何ものであるかを証明する必要はなく、自分を偽る必要もないことを、私たちは伝えるのです。そして、神が彼らを愛しておられることを伝えるのです。

上手に設計された教会や大聖堂は、そう言えるように造られていますが、本当にそうであるか、私たちは確かめる必要があります。ほとんどの教会で、何かを展示したり飾ったりする以上のことができるでしょうが、来訪者たちがそこで自分は歓迎されていると感じることが、何よりも重要です。教会音楽は神の愛の豊かさや大きさを表現するように作られています。教会の音楽家たちは、毎日、毎週この素晴らしい、お金には代えがたい贈り物を私たちに提供できるように支援される必要があります。しかし、これは第一歩にすぎません。そのほかいろいろな形で、私たちは人々が神に愛されていることを伝えることができます。ホームレスの人々や極貧生活を強いられている人々のためのプロジェクトを立ち上げることもできるでしょう。刑務所には私たちの訪問を待っている人々がいます。ボランティアにかなり依存している病院やホスピスもあります。こうしたことは、ただ話題にするだけにとどまらず、実際に行動することが求められます。聖フランシスが修道士たちを送り出すときに言った言葉を思い起こしましょう。「あらゆる手段を用いてイエスの福音を伝えなさい。そして、もし本当に必要であれば、言葉も使いなさい。」

そしてそれらすべては、カペナウムのあの奇妙な一日に、イエスがアルパヨの子レビに与えた小さな命令に行き着きます。人々はレビに、自分たちについて来ることだけはしてほしくありませんでした。レビを置き去りにし、彼のことを忘れ、自分たちの記憶から消し去りたいとさえ思っていました。怒りや恥ずかしさを覚え、恐れを感じさせる人ではなく、善良で愛すべき人だけに目を向けていたかったのです。けれども、イエスは言われました。「わたしについて来なさい。アルパヨの子レビよ、わたしについて来なさい。ついて来て、祝宴に加わりなさい。そこでは、神の愛が新鮮なぶどう酒のようにあふれ、だれでも好きなだけそれを飲むことができます。ついて来て、食卓に着きなさい。そこでは、互いに見つめ合うことができます。自分を偽ったり、何ものであるかを証明したりする必要はありません。しかし、レビよ、この祝宴はあなたのためだけにあるのではありません。医者があなたを治したら、今度はあなたが医者になる番です。わたしについて来なさい。かつてあなたが感じていたような気持ちになっている人たちがいるところへ行きましょう。わたしについて来なさい。険しい顔、悲しい顔、硬い心、苦々しい心を持った人たちのいるところへ行きましょう。わたしについて来なさい。わたしに貧しい人を恐れる金持ちの人、金持ちを羨む貧しい人たちのところへ行きましょう。わたしについて来なさい。毎日涙を流している人、涙も出なくなってしまった人たちのところへ行きましょう。私について来なさい。そしてわたしがするようにあなたもし、わたしが愛するように、あなたも愛しなさい。」

イエスはアルパヨの子レビに多くのことはお求めになりませんでした。イエスはすべてのものを求められました。すべてのものを与えてこられたからです。そして、レビはおそらく自分でも自分に驚いたでしょうし、そこにいた人々も間違いなく驚いたことでしょう。立ち上がってイエスについて行ったからです。

彼は言われたことをしただけでした。

# 第10章　ベタニア

ベタニアまで一緒に来てください。エルサレムからなら、そう遠くはありません。しかし、かなり急な坂道です。もしあちらのほうから来て、その道を行くなら、こちらの道をたどり、下って行くことになります。キデロンの谷に下り、小川を渡り、ゲッセマネの園を通り過ぎます。それから急な坂を上り、前に下ったよりもさらに上り、息を切らしながらオリーブ山の頂上に着きます。そこから振り返ると、黄金のエルサレムを見ることができます。一キロ半ほどの距離ですが、かなりの上り坂です。それは、アブサロムが反乱を起こしたときに、打ちひしがれた王ダビデが夜にたどった道です。そこはまた、イエスと弟子たちが聖週間に毎晩通った道でもあります。最後の夜、イエスだけがその理由をご存じでしたが、彼らはゲッセマネで過ごし、そこにとどまりました。その日までは毎晩、オリーブ山の頂上から一キロ半足らずの距離のベタニアまで行き来していました。

そして、ルカが福音書の最後に記しているその日に、彼らはベタニアへ行きました。「それからイエスは、弟子たちをベタニアの近くまで連れて行き、手を上げて祝福された。そして、祝福しながら彼らから離れて行き、天に上げられた」〔二四・五〇〜五一〕。昇天については、実直な字義主義の描写に惑わされてはなりません。また、イエスが旧式の宇宙旅行者であるかのように「空の上にある自分の家」へ帰るという内容の賛美歌にも欺かれてはなりません。天国は、私が他のところでも述べたように、何万メートル上にあるものではありません。たとい実際にそうであったとしても、私たちにとって何の意味もないことです。それは、神の次元における通常の現実であり、いつもは隠されているものです。けれども、私たちは、祈りにおいて、聖書の中で、パンを裂くときに、神秘的にそこへ入り、また、その現実が神秘的に私たちの中に入ってくるのです。ですから、皆さんがベタニアの郊外に立って、イエスが弟子たちから離れて行ったことを考えるときには、これを検証したり、自分で研究したり、好奇心を満足させせようとしたり、レポートを書こうとしたりするべきではありません。祈りが確かに答えられた場所でひざまずくために、皆さんはそこにいるからです。

祈りは、この昇天の山で確かに答えられました。というのは、イエスの昇天は祈りの大いなる象徴だからです。昇天した主が絶えず父の御座の前で民のためにとりなしてくださっているというだけではありません。確かにそれも真実ですが、主の昇天はそれ以上に、祈りが実際に何であるかを表しています。人は薄いベールを通り抜けて神の前に進み行き、そこで迎え入れられ、礼拝し、愛し、とりなしを行うのです。キリスト教神学でよく言われるように、最良の定義とは、抽象的な定型句ではなく、人間、それも実際に人となられたイエスです。だからこそ、私たちは御子イエスを通して御父に祈るのです。イエスは文字どおり、「道」なのです。それが昇天の意味するところです。そして、この地点までの道のりは、短いながらも急勾配の上り坂です。

それでは、福音書の物語の他の部分でベタニアが登場する場面を見ていくことにしましょう。また、その「道」とはどんな方なのか、今や世界の主として王位に就いているのはどのような方なのかをもう一度見てみましょう。ベタニアでは、ほかにどんなことが起きたでしょうか。まず、イエスがロバを手に入れたのがベタニアでした。そこから学ぶことはたくさんあるでしょうが、私は他の三つのベタニアでの出来事、三つの短い場面を選ぼうと思います。「昇天」というやや抽象的な教義に血の通った現実味を与えるためです。昇天した主をベタニアのイエスと考えるとき、私たちはどのようなイメージを持つでしょうか。

ベタニアは、第一にマリアとマルタの家のあるところでした。ルカの福音書一〇章、有名なマリアとマルタの話を思い出してみましょう。イエスが姉妹たちを訪れて、家庭内に危機が生まれます。何が問題だったのでしょうか。私たちは通常、マリアとマルタを、単純に受動的な性格と能動的な性格の典型、キリスト教用語で言えば、献身的な生き方と奉仕の生き方の典型としてとらえます。確かにそれは物語の一面ではあるでしょうが、真実のすべてとは言えません。問題は、マリアが目を輝かせてイエスの言葉に聞き入るあまり、洗い物を手伝うのを忘れてしまったことだけではありませんでした。この時代の文化では、男性と女性は建物の別々の場所にいなければなりませんでした。ところが、マリアは躊躇することなく、男性と女性の空間を隔てる短いながらも険しく深い溝を渡ったのです。

そのうえ彼女は、弟子、学習者の姿勢を取っています。イエスの足もとに座っていますが、これは当時の文化では、今日の西洋の日常生活でいえば教室で席に座るということでした。タルソのサウロがガマリエルの足もとに座っていたように、いつか自分もラビになるために、ラビの足もとに座るということです。

それゆえ、マルタの洗い物についての言い訳は、暗に「この恥知らずな行動をやめなさい。私たちの社会秩序を壊してはダメよ！」と言っているように聞こえます。マルタはイエスにマリアを非難するようにと言っていますが、実際にはイエスのことをも責めているのです。するとイエスはここベタニアで、マリアがより良いほうを選んだと宣言されます。イエスは静かに落ち着いて、当時の重大な社会的タブーを打ち破り、それを見ていた人たちはあっけにとられてしまいました。これがベタニアのイエスです。このように世界の主が世界をひっくり返す権威を持っておられることに、私たちは驚くでしょうか。

イエスは世界だけでなく、生と死そのものをもひっくり返されます。しばらくしてベタニアに戻ると、その二人の姉妹が強い衝撃と深い悲しみの淵にありました。「主よ。もしここにいてくださったなら、私の兄弟は死ななかったでしょうに。」二人は悲しみに非難を込めて言います。「主よ、私たちはあなたを必要としていましたが、あなたはここにいませんでした！」

（皆さんはこんなことを言ったことがあるでしょうか。）　そして、昇天した主として私たちが知っているベタニアのイエスは、この愛する姉妹たちに同情し、ご自分の内に悲しみがあふれてきます。ヨハネの福音書一一章三五節には、「イエスは涙を流された」という素晴らしい一節が記されています。そして、イエスは心のうちに憤りを覚えながら、ラザロの墓に来て、石を取りのけるようにと言われます。
　マルタはこれに反対します――彼女はいつもイエスに文句を言います（愛すべきマルタ！）が、それでもイエスはマルタにとても優しく接しておられます――。「主よ、もう臭くなっています！　死んでから四日になりますから！」と。それでも、彼女たちはとにかく石を取りのけます。イエスは祈りをささげますが、それはとりなしではなく感謝の祈りです。おそらく臭いいいいいいいいいいいいいくなっていなかったからでしょう。イエスはすでに祈り、それが聞かれたことを知っておられました。それでこう叫ばれます。「ラザロよ、出て来なさい！」　ラザロは死から生への、短いながらも急勾配の道を進みます。私たちは死にゆく者とともに死にます。彼らは去り、私たちも彼らとともに去ります。私たちは死者とともに生まれます。彼らは戻り、私たちを連れて来ます。これがベタニアのイエスであり、昇天した主です。世の痛みとご自身を完全に一つにし、生と死に対する完全な権威を持ち、そして今、悲しみに打ちひしがれた人々のために父に祈りをささげてくださいます。昇天した主は、安心しきっている者たちを動揺させ、動揺している者たちに安心を与えるお方です。

それから、もう一つ、だれもがよく知っている場面です。イエスは再びベタニアに行き、食卓についていると、一人の女性が高価な香油の入った壺を持って来て、イエスにそれを注ぎかけます。マタイとマルコもこの話を伝えていますが、それがだれであったかは明らかにしていません。ヨハネはこれがベタニアのマリアだと言っています。まあ、彼女であれば、そうするでしょう。(これは、罪人である女性がイエスに油を注ぎ、赦しを得たというルカの福音書の話と同じではないと思われます。けれども、その要点はそれほど離れてはいません。)マリアは、イエスが、自分の持てるものすべてを献げる価値がある方であると理解していました。純真な心を持って、すべてを献げました。彼女はイエスのそばにいることから、完全に献身するまでの短いながらも急勾配の道を進みました。イエスにふさわしいすべての価値を認めて、彼を礼拝しているのです。

人が持てるものすべてをもってイエスを礼拝すると、いつものように一部の人たちがそれに不快感を示します。今回は、そのことが暗に金額という表現になってあらわれます。現状維持を訴え、感情を表に出さないようにするのに、金銭は都合が良いのです。ですからこのことは、実際に彼らが怒鳴り散らし、自分がいかに偉いかを声高に言っていると理解できます。「どうして、この香油、この香油、この香油を数万円で売って、そして、そして、貧しい人々に施さなかったのか!」マリアの非常に自由な礼拝態度は、周囲の人たちの冷酷な形式主義を暴き、封じ込められていた感情の扉を叩きました。人々はベタニアのイエスに憤慨し、イエスに対する他の人たちの反応にも腹を立てます。

このように怒鳴り散らし、自分がいかに偉いかを声高に言う人たちの姿を、今日も目にします。教会が新しい銀の器や素晴らしい音楽にお金を使うと、ひどく非難するのです。人々がじっとしていられずに、手をあげて様々な言葉で歌おうとしたり、ベタニアの家のように会堂が良い香りで満たされるように香を回そうとしたりすると、責め立てるのです。確かに、他の人の熱意が度を越しているように思えるときがあります。けれども、熱意の真髄は度を越しているものなのです。もし皆さんがイエスに対して熱心でなかったり、熱心な人を嘲笑する誘惑に駆られたりするなら、この物語のことを考え、自分はだれの仲間なのかを確認してください。

これがベタニアのイエスの第三部です。十字架に向かうイエスは、理解できない人々にとっては常識を逸脱しているとしか思えないほど非常に高価な献身に値する方なのです。昇天した主が、安心しきっている者たちを動揺させ、動揺している者たちに安心を与えるとき、そこに生まれるのが損得を度外視した礼拝です。それこそ昇天節です。

このベタニアのイエス、この昇天した主に従って来て、私たちはどこまでたどり着いたでしょうか。イエスは世界をひっくり返す主です。私たちの悲しみ、失敗、苦悩に共感してくださる方です。父なる神へのイエスの祈りが死からいのちへと導きます。そしてイエスは、私たちの最も高価な献身に値する方です。ベタニアは福音書の他のすべての出来事を象徴するものと言えるでしょう。イエスの物語の縮図と言えるでしょう。もちろん、世界の支配者であるイエス、偉大な大祭司であるイエス、私たちのために常にとりなしをしてくださるイエス、私たちの愛と礼拝の対象であるイエスは、昇天節の伝統的なテーマです。けれども、もう一つ、ルカが私たちに忘れてほしくないと思った物語があります。それを見るために、もう一度、短いながらも急勾配の道へ出かけて行きましょう。

数年前、昇天節のときに、私はエルサレムのヘブライ大学で教えていました。旧市街を出て、キデロンの谷を越え、オリーブ山のすぐ北にあるスコーパス山のキャンパスまで、よく歩いて行きました。そしてある日の午後、講義の途中で、大きな爆発音が三度聞こえました。

今、イスラエルでは奇妙な音をよく耳にします。ときには、軍用機の音が壁をつき破って聞こえてくることもあります。とても小さな国なので、市街地上空で訓練をしなければならないのです。パーティーで花火の音がすることもあります。銃声が聞こえることもあります。けれどもそのときの爆発音は、これらとはまったく異なるものでした。私たちは顔を見合わせ、肩をすくめながらも、講義を続けました(皮肉なことに、その講義は、イスラエルに対する神の対応についてパウロが旧約聖書から語ったローマ人への手紙九〜一一章に関するものでした)。何が起こったのかを知ったのは、その日の夜のニュースにおいてでした。イスラエルの占領に対する抗議行動としてイスラエル軍兵士に石を投げていた三人の十代のアラブ人を捕まえたということでした。軍はいつもしていることをしました。少年たちの家に行き、家から全員を外に出します。そして、三軒の家に爆薬を仕掛け、これらを爆破しました。家具など数多くの物を含んだ三つの悲しげな瓦礫の山がそこにありました。そして、晴天の午後にこれが起こった村がベタニアでした。(私がイスラエルの友人たちに、この野蛮な行動についてどう思うかと尋ねたところ、彼らは皮肉な笑みを浮かべながら、これは一九四〇年代に英国から学んだやり方だ、と答えました。)

私が言いたかったのは、こうです。主よ、もしあなたがそこにいてくださったら良かったのに！　主よ、あなたが世界の主であるなら、なぜ人々はいまだに互いの家を吹き飛ばしているのですか。主よ、あなたが古いタブーを破られたように、この野蛮な行動を打ち破る時が来ているのではないでしょうか。そしてベタニアは、ボスニア、ルワンダ、アイルランド、ソマリア、中米などで起こっている状況をあらためて象徴しています。こうした事態の繰り返しをあまりに見慣れてしまったため、痛みに鈍感となって、私たちは肩をすくめて背を向けるようになっています。けれども、私はルカの昇天の話に立ち返るとき、その答えが目の前にあることに気づくのです。

イエスがベタニアへの短いながらも険しい道を最後に上って行かれる前に、弟子たちに語った言葉の一つに、次のものがありました。ご自分の名によって、「悔い改めと罪の赦しが、エルサレムから始めて、あらゆる国の人々に宣べ伝えられる」(ルカ二四・四七、英訳)というものです。

よく聞いてください。私たちはこのメッセージを真剣に受けとめてこなかったのではないでしょうか。それを些細なこととし、自分のレベルにまで引き下げて、受けとめられるようにしたのではないでしょうか。それを単に、私が自分の罪を悔い改め、皆さんがご自分の罪を悔い改めれば、神が私たちを赦してくださるというだけの意味と考えていたのではないでしょうか。もちろんそれはそのとおりであり、それなしには個々人が救われる福音はありません。しかし、そこにはもっともっと多くの意味があるのです。教会が世界に告げなければならないのはどんなことでしょうか。それは、すべての人が罪人であり、悔い改める必要があるということだけではありません。もちろんそれは必要なことです。それに加えて、この世での生き方が、神の意図された生き方とかけ離れていること、そして、キリストにおいて神は、あらゆる面で赦しによって特徴づけられる異なる生き方を示しておられるということも宣べ伝えるのです。キリストにある神の赦しを垣間見れば、自分自身の安全に固執し、自分を脅かす者を攻撃する必要から解放されます。少年たちが石を投げてくるときにおいても、そうです。赦しは世界で最も強力なものです。なぜなら赦しは、昇天した主が教会だけでなく、甚大な被害に遭ったご自分の世界にも与えた贈り物だからです。

それがどのように働くかを考えてみましょう。世界はマルタのように、「私たちはこのように物事を行わなければなりません。これが、私たちが知る唯一の生き方なのです」と言いますが、ベタニアのイエスはこう言われます。「あなたの世界をひっくり返すような別の生き方がありますす」と。世界はマルタとマリアのように、墓の前で泣きながら立って、ここを開けても、臭《くさ》いだけで意味がない、と言います。しかしベタニアのイエスは言われます。「わたしは御父に祈りました。その墓にはいのちが隠されています」と。この世はユダのように、自分の持てるものすべてをもってイエスを礼拝する人をあざ笑います。それが社会の問題に対処するのに何の役に立つというのか、と言います。ベタニアのイエスは言われます。メシアが苦しみを受けて、よみがえり、世界の主として使者たちを送り出し、異なる生き方、人間としての別のあり方、徹底的な赦しを特徴とする生き方があることを世界に宣言することは、すべてのことにおいて意味がある、と。

これが、昇天した主が教会に伝道の働きを委ねられたことの意味です。伝道は確かに個々人を信仰に導くことが中心です。しかし、それだけにとどまるのではありません。ベタニアの道、愛の道という、良きものでありながらも心を激しく揺さぶる異なる生き方を世界に告げ知らせることなのです。私たちはこの愛の招きと、この召しの声に導かれて、険しい道を歩み続けましょう。私たちのその歩みがすべて終わるときに、私たちは出発したところに到着し、初めてそこがどこであるかがわかるでしょう。

ベタニアのイエスは、悩める者を慰め、安逸な者を悩ませました。そして私たちにその代理人となることを望んでおられます。そのためには、イエスが昇天した世界の主であることを知る必要があり、イエスの御霊に宿っていただく必要があります。昇天した主の祈りを通して、天のいのちが地上のいのちとなるのです。

では、ベタニアまでご一緒しましょう。短いながらも急勾配の険しい旅です。そこからなら、晴れた日には、どこまでも見渡すことができるからです。

# 第11章　私が弱いときに

二十年近く前、ある大きな会議に参加したときに、どこかで見たことのある男性と会場で鉢合わせになりました。彼はアメリカの小さな神学校の校長に就任したばかりでした。そして今、若手教員を探しているということで、私にこの働きに興味がないかと尋ねてきました。私の言葉が彼をいくらか刺激したのかもしれません。彼の次の質問は、「履歴書をお持ちですか」というものでした。

私は驚きました。普通の人や、少なくても普通の学者なら、自分の履歴書を見たいと思う人がいるだろうから、そんな時のために持ち歩いているものだ、と彼は考えていたようです。私はそのときも、そして今もこの考えはおかしいと思っています。こうした考えは、とにかく真面目な人たちが非常に多くいる社会でのみ理にかなっているからです。ところで私はときどき、仕事であれ何であれ履歴書を作成する際に、自分の良い点と同時に、逆リストも入れてみてはどうかと思うことがあります。合格しなかった試験、採用されなかった仕事、またどこも出版してくれなかった短編小説、などといったリストです。

アメリカをコリントに、逆リストの履歴書をコリント人への手紙第二、一一章と一二章に置き換えてみてください。それがどのようなものになるかの感覚をつかむために、自分の失敗や失望したことなどを書いた逆リストを、至極真面目な知人に見せているところを想像してください。コリントの教会は過度に真面目になっていたようです。キリスト者になってしばらく経って、より高いレベルのものを求めるようになりました。彼らの町には新しい教師たちがやって来て、信者たちにより高い水準の知恵、より高いレベルの霊的な能力、より劇的な経験、また福音のためにもっと大きな勝利を望むようにと教え導きました。これは非常に刺激的で、またとても魅力的なものでもありました。社会の底辺にいる狂信者の小さな集団、最下層の存在とみなされる代わりに、この新しい教え、この新しい知恵は実際に彼らの社会的地位をいくらか高めたのかもしれません。もしかしたら、この新しい教師のおかげで、彼らの教会は有名になり、尊敬されるようになったのかもしれません。

では、それによってパウロはどうなったでしょうか。パウロが彼らの伝道者であり創設者であったことは否定できない事実です。しかし、新しい教師たちから話を聞いて、大都市で一週間過ごした若者たちが生まれ故郷の人々のことを思うように、パウロのことを見下す誘惑に駆られたのです。ちょっと退屈だし、古くさくて、つまらない人であると見たわけです。また、新しい教師たちは、パウロが他の教会のほうに関心を持っていると示唆したようです。パウロが最後に会いに来てから、だいぶ日が経っていたからです。

明らかにパウロは、このような理不尽なことによって傷ついていましたが、そのこと以上にコリントで感じた社会的プライドと霊的プライドに強い懸念をいだいていました。コリントの人々は、パウロが精神的にだいぶまいっていた状態からようやく回復したところであることにまったく気づいていませんでした。パウロはエペソの牢獄から出たばかりだったこともあって、彼らのもとへ直行し、顔と顔を合わせて問題を解決するような状態ではありませんでした。それで、エーゲ海の北端を巡りながら、コリントの教会のことを考え、祈り、心配していました。そしてある時点で、彼らに手紙を書こうと思い始め、その顔には少しずつ笑みが浮かんできました。

パウロにはとにかくいくつか言いたいことがありました。彼は困窮に苦しむユダヤ人キリスト者たちのために献金を集めており、コリントの人々がそのために十分な金額の献金を手もとに準備しているかどうかを確認したいと思っていました。ところが、実際の手紙の大部分は使徒であることの本当の意味についての説明となりました。パウロは言います。「わかりました。私の履歴書を見たいのですね。私の最新の話を聞きたいのですね。私が使徒としての資格を本当に有しているかを知りたいのですね。私が神のためになしたあらゆる素晴らしいこと、私が戦ったすべての戦いや、御国に仕えて治めた勝利を知りたいのですね。神を知らない異教徒の隣人の前でも、鼻高々に自慢できるようなことを知りたいのですね。わかりました。それではこれを見てください。私は想像しうる最も優秀な使徒です。というのは、常習的に鎖に繋がれている囚人だからです。数えきれないほど鞭で打たれ、侮辱的な処罰を受け、石打ちにされ、三度も難船に遭いました。私は常に危険にさらされていました。いつもすべての教会のことを気遣っていました。」パウロの履歴書には逆リストが記されていました。パウロはよく思われないことばかりを誇っていました。コリントの人たちはパウロの失敗ではなく、成功談を求めていました。パウロに降りかかった災難ではなく、勝利を欲していました。彼らは英雄像を求めているのに、パウロは自らの愚かな姿をあえて示しました。

ところが、本当に愚かなのは彼らのほうなのです。彼らは、十字架につけられたメシアの福音を、成功の福音にすり替えてしまいました。そして、パウロが彼らに理解してもらう唯一の方法は、こうした恥知らずとも思える言葉を通じて、彼らのプライドそのものを露呈することでした。それがコリント人への手紙第二の一二章に繋がります。彼らはパウロの最新の霊的証しを聞きたかったのでしょう。パウロがどんなに輝かしい幻や啓示を体験したのかということに興味を示していたのでしょう。パウロの超自然的な力の話を聞きたかったのでしょう。「そうですか。では、お話ししましょう。私はキリストにある一人の人を知っています――前もってこの人が自分であることは言いません。――この人は十四年前に［パウロよ、私たちはもっと最近のことを聞きたいのだよ！］、第三の天に引き上げられました。といっても、実際に何が起こっているのかはよく知りません。何を聞いたかを語ることも許されていません。確かにそれは素晴らしいことでしたが、それだけのことです。」（アインシュタインがいつ独創的なアイデアを思いつくのかと尋ねられたときのことを思い出します。彼は、実はそれほど多くのアイデアを持っていたわけではなかった、と答えたのです。）

そしてパウロは核心に迫ります。「高慢にならないように、私は肉体に一つのとげを与えられました。」パウロはそれが何であったかを言おうとしませんでしたが、それが大きな苦痛を彼に与えていたのは確かです。「私から去らせてくださるようにと、私は三度、主に願いました」とパウロは言います。――「コリント人はこう考えているでしょう。そうだ、そうだ、さあ、いよいよだ、すごい癒しの奇跡の話が聞けるぞ！と。」――「しかし主は、『わたしの恵みはあなたに十分である。わたしの力は弱さのうちに完全に現れるからである』と言われました。（では自分はどうしたらよいのでしょうか。）キリストの力が私をおおうために、むしろ私は大いに喜んで自分の弱さを誇りましょう。ですから私は、キリストのゆえに、弱さ、侮辱、苦悩、迫害、困難を喜んでいます。というのは、私が弱いときにこそ、私は強いからです。」

この手紙が読みあげられているときの、コリントのキリスト者の集まりがどんな様子であったかを想像してみたいと思います。おそらく五、六十名の人たちが、町でも数少ない裕福なキリスト者の家に集まっていたでしょう。ちょっと古臭くて、あまり面白味がないと思っていた人から、息を呑むような巧みな言葉でもって、自分たちの新しい考えが論破されていくのを目の当たりにしました。しかしパウロが語ろうとしているのは、技能や強さ、誇り、力はコリントの人たちが思っているようなところにあるのではないということでした。十字架につけられたメシアに従うのか、それともどこかの英雄的な人物を追いかけるのか、ということでした。
パウロは実際にこの手紙を通して、このびっくりするような皮肉を通して、何を伝えているのでしょうか。私たちはしばしばイエス・キリストを偉大な癒し主と考えますが、この箇所には「キリストが癒しを拒否したとき」というタイトルがふさわしいように思います。ところが、パウロが経験してきたことは、実際にはもっと深いレベルでの癒しの奇跡です。キリストのからだが霊的な傲慢によって深く病んでいるとするなら、とげが肉体に残っているかどうかなどどうでもいいことではないか。神の民の共同体《コミュニティ》が、不面目な十字架の福音よりも地位や名声を重んじているとするなら、一個人が見た幻や啓示などどうでもいいことではないか、と言うのです。

彼らの病とは何だったのでしょうか。コリントの人々は、彼らを誘惑した新しい教師たちが歩んだ道には、さほど深入りしていなかったようです。もう少し入り込んでいたら、遅れている異端的なピリピやエペソの人たちのようでなく、コリントのキリスト者であることを誇りに思うようになっていたでしょう。もっと先に進んでいれば、キリストや十字架に関係あろうがなかろうが、手当たり次第に新しい霊的経験を取り入れて、シンクレティズムに陥っていたことでしょう。そして、そう時間を要さずに彼ら独自のものを作りあげてしまうでしょう。いやむしろ、様々なグループに分裂してしまうかもしれません。というのは、一度コリント病に感染すると、(教理や倫理に関する議論という姿を装って)個人崇拝に陥りやすくなるからです。

あるいは、(真に霊的であるものと、単なる美的なものとの相違を装って)礼拝の文化的スタイルの違いから生じる争いへと進むからです。

治療法は何でしょうか。パウロが彼らに講義をしたり、彼らに威圧的になったり、無理やり同調させたりしたとしても意味がありません。そのようにしたら、彼らは言うでしょう。「老いぼれパウロ! あんたにはうんざりだよ」と。それでも、パウロは身を引き、エペソかどこかで座り込み、不機嫌になったり、あるいは祈ることだけに甘んじたりすることはありませんでした。コリント人への手紙第二の五章で語っているように、キリストの愛は彼に選択の余地を与えませんでした。パウロは彼らのいるところへ行かなければなりませんでした。物理的にはその途上にありますが、手紙においてパウロは情緒的にも霊的にも、そして個人的にも彼らに会いに行きました。パウロには情緒的にも肉体的にも痛みがありますが、そこから一歩踏み出して、彼自身の愛を、自身の逆境から得た知恵を、ユーモアと皮肉、キリストに関する自身の知識を、病魔に蝕まれた場所に注ぎ込もうとしました。彼は真ん中に立ち、そこで一方の手でキリストにしっかり繋がり、もう一方の手で彼らをしっかりと握っています。それは彼にとって苦痛を伴うものでありながら、慣れ親しんだ姿勢であり、癒しが始まっていることを示すものでした。本書第6章で見たように、これがパウロの語る和解の務めなのです。

パウロのようでありたいでしょうか。あまりそうでありたいとは思わないでしょう。難船、鞭打ち、心労、危険、投獄。もう結構というところでしょうか。

けれども、よく考えれば、パウロのように生きようとしないのも、どうなのでしょうか。世界がおかしくなっているときに、これにどう対処するでしょうか。皆さんの世界がおかしくなっているときにです。皆さんの愛する人々が仲違いしたり、あるいは皆さんと対立したりしたら、どうするでしょうか。もし皆さんがとても気にかけている人々が間違った方向に進んでいて、その人たちが「間違った方向に進んでいるのはおまえだ」と言い張っているとしたら、どうするでしょうか。そんなとき、その人たちを怒鳴りつけたり、身を引き、不機嫌になったりする衝動に駆られることでしょう。しかしそれはパウロのあり方ではありませんし、何も生み出しませんし、そこに喜びもありません。

そのような状況の中でパウロのようになるとはどういうことでしょうか。それは、直面する問題や苦悩と真正面から向き合うことです。たとえ自分の泣きどころや弱さがあらわになることがあってもです。それは、強くなるために弱くなることです。弱く見られたくないため、見せかけであったとしても強く見られたいともがいている人たちがあふれる世界に、私たちは生きています。そうした中で私たちは、「私が弱いときにこそ、私は強い」と断言する福音に従うのです。そして、この福音こそ、真の癒しをもたらす唯一のものなのです。

パウロを真似るようにという召しは、明らかにキリストを真似るようにとの召しです。私たちがこれまで見てきたことから考えて、これは明らかに、癒しの奇跡を起こすキリストの代理人となるようにとの召しです。必ずしも肉体的な病を癒すことではありませんが、実際にそうなることもあるでしょう（決して予測可能なことではありませんから、常に謙虚な気持ちでいなければなりません）。これには、人格的、情緒的、心理学的、社会的、文化的な傷や傷跡の癒しも含まれます。留意してほしいのは、パウロを指標とすれば（実際に彼はそうなのですが）、癒し人になるために健康である必要はないということです。メスを最も巧みに使うことができるのは、傷ついた外科医です。「血を流す手の下に、癒し人の深い同情心を感じるのです」〔T・S・エリオットの言葉〕。

では、私たちは実際に何に召されているのでしょうか。私たちは、一方の手でキリストと十字架を全力でつかむようにと召されています。そして、もう一方の手で、勇気、ユーモア、自己犠牲、創造性、才能、涙、沈黙、共感、優しさ、柔軟性、キリストの心をもって、愛するようにと言われている人々を、全力でつかむようにと召されています。彼らの目から流れる涙が自分の涙となったときに、癒しは始まっています。私たちが気づいていようがいまいが、彼らが私たちにつかまれていることでキリストを見いだすときに、パウロの言ったことが確かに真実であるとわかります。「神は、罪を知らない方を私たちのために罪とされました。それは、私たちがこの方にあって神の義となるためです」〔Ⅱコリント五・二一〕。

この召しには、少なくとも三つの種類、あるいはレベルがあります。私たちはみな、第一のレベルのものに召されています。そして、そのことは、第二、第三のレベルの召しを受けていない人が、第二、第三のレベルの召しを受けている人々のために、正しく理解して祈るということです。

第一の召しはいろいろな意味で最も重要で、キリストにあるすべての人に与えられるものです。どこにいても、だれと一緒にいても、私たちは、一方の手でキリストにしっかりとつかまり、もう一方の手で身近にいる人々の手をつかむようにと召されています。祈り、語り合い、寛大な心を持ち、感謝し、教えたり教えられたりし、世話し世話されるようにということです。皆さんがだれかと出会い、何かの集まりに行くときに、何らかの癒しを必要としていない人などいないでしょう。私たちが気づいていようがいまいが、人々の痛みと自分の痛みが驚くほど重なり合っていることを神はご存じです。それゆえ、癒し主であるキリストの働きを分かち合うために皆さんがすべきことは、その人たちの手をとって、静かに共感しながら祈ることです。癒しの働きに皆さんの勇気すべてを必要とするときがあって、それは、この世の愚かさや邪悪さと向き合い、これらに立ち向かうときです。けれども、それらの力と魅惑を知ってのうえで、そうするのです。ユーモア、料理、遊びを通して、癒しがもたらされることもあるでしょう。パウロは、教えるためではなく、癒しをもたらすために自分の持つ修辞学を駆使しました。神がどのような賜物を皆さんに備えられたとしても、福音を伝える道具としていつでも使えるようにしてください。

二つ目の召しは、皆さんの中の幾人かに与えられるもので、私はそのことを祈っていますが、教会のためにすべてを献げることを含めて、どんな形であれ、按手を受けることです。フルタイムで宣教のために働くことです。按手を受けることが宣教のすべてでないとしても、教会は按手を受けた聖職者を切実に必要としています。今ほど必要とされているときはないかもしれません。読者の中には、キリストに倣って歩んだパウロのように自らを献げるという召しにあずかっている人たちがおられるでしょう。一方の手でキリストにつかまり、もう一方の手で教会をしっかりとつかみ、教会の愚行や失敗に対して苦しみを覚え、それを分かち合い、教会を回復させ、癒し、正しい道に立ち返らせるキリストの力を知る人たちです。

教会には、人々がその足跡に続いて歩んで行けるような新境地を切り開くリーダーが必要です。聖書の御言葉を解き明かし、神の愛の物語を新鮮な方法で表現できる教師が必要です。しかし、教会に何よりも必要なのは、神の平和と愛を伝える癒し人です。コリントのために尽くすパウロのように、今日の教会のために尽力する癒し人、癒しを施すために傷つくことを厭わない賢明で誠実な友、傷つけるためではなく修復をもたらすために真理を語る人、喜ぶ者とともに喜び、悲しむ者とともに悲しむ人、周囲を和ませる人、苦禱する人、キリストの祭司的な働き、癒しの働きを共に担う人です。教会は、何でも知っている人、何でもできる人、すべてをコントロールできる人を必要としているのではありません。私が弱いときにこそ、私は強いからです。

とくに、今日の西洋世界の多くの地域が直面している危機的状況においては、私たちの祈りに第三の召しを加えるべきでしょう。世界のために、社会全体のために、そして社会の様々な分野のために、パウロがコリントの教会のためにしたことを行う必要が何としてもあるのです。

テロ行為や戦争、内戦、そして日々ニュースで見聞きする数えきれないほどの悪夢のような出来事に苦しむ人々のことを思うと、私たちの心は張り裂けんばかりです。刑務所、医療サービス、学校、大学、スラム街、少数民族、失業者、そして政治そのものなど、市民生活の多くの分野で必要とされているのは、レーガン大統領やサッチャー首相の改革が対応し忘れたものです。それは癒し人です。癒し人こそ社会全体で必要とされているのです。

なぜ癒し人なのでしょうか。このような混乱した状況に対して怒鳴ったり、脅したりする人を、私たちは必要としていません。また他人事のように見て見ぬふりをする人も必要ありません。私たちには、癒し人として働くキリスト者たちが必要なのです。癒しをもたらす裁判官や刑務所の官吏、癒しをもたらす教師や経営者、癒しをもたらす店主や銀行家、癒しをもたらす音楽家や芸術家、癒しをもたらす作家や科学者、癒しをもたらす外交官や政治家として働くキリスト者です。一方の手でキリストにつかまり、機知と技術と明るさを持ち、同情心と悲しみと優しさを身につけ、もう一方の手で、世界で痛みを覚えているところへ手を差し伸べる人々を、私たちは必要としています。神から与えられたものすべてを駆使する人たちを必要としています。パウロがそうしたように、物事がどこで間違ってしまったのかを分析し、痛みの所在を突きとめ、真に癒しをもたらす薬を傷口に塗る人たちを必要としています。その薬とは、再び受肉したキリストの愛であり、皆さんの肉体と私の肉体、皆さんの笑顔と私の笑顔、皆さんの涙と私の涙、皆さんの忍耐強い分析と私の忍耐強い分析、皆さんさんの落胆、皆さんの落胆と私の落胆、皆さんの喜びと私の喜びです。

これは、すべてに答えを持っているとか、世界を治めることができるとかといったことではありません。実際、その正反対です。私が弱いときにこそ、私は強いのです。私たちは、中東のために、旧ソ連圏の国々のために、北アイルランドのために、私たちが世界中で名前をあげることができる多くの状況のことを覚えて祈らなければなりません。神が新しい世代の強い弱者、賢い愚者、また傷ついた癒し人を起こしてくださるように祈らなければなりません。そうすれば、キリストの癒しの愛が世に流れ出し、暴力と不正に十字架の叱責によって立ち向かい、傷ついた者や不当な扱いを受けた人々の痛みを十字架の慰めによって和らげます。

つい先ごろテレビで、北アイルランドについて、今、事態を収拾するには奇跡が必要だと、だれかが言っていました。確かにそうでしょう。そして、それこそがイエスの得意とするところです。しかし、奇跡には様々な形や大きさがあります。「わたしの恵みはあなたに十分である。わたしの力は弱さのうちに完全に現れるからである。」神よ、北アイルランド、ボスニア、中東、その他の場所で、聖なる勇気を持つ人々、子どもたちが多く起こされますように。その人たちが、自らの人生、愛、希望、信仰において奇跡となりますように。そして、神よ、私たちがどのような職業に就くとしても、そこで奇跡となれますように。なぜなら、私たちが弱いときこそ、私たちは強いからです。

# 第12章　軌道に戻す

新聞はいつも宗教の話を好みます。実際のところ、宗教論争が好きなようです。スキャンダル、議論、また古くからある「伝統対改革」といったテーマです。ところが、最近の新聞が取りあげないテーマが一つあります。「キリスト教一致祈禱週間」〔訳注＝宗派教派を超えて、毎年世界中で共に祈る一週間〕があっても、新聞は教会一致を模索するエキュメニカル運動についてまったく語らないようです。

まあ、そうしたことには触れないことにしているのでしょう。エキュメニカル運動はもはやニュースにはならないのでしょう。目に見える形で教会が一つになる大きな一歩が踏み出されたかのように見えた六〇年代、七〇年代の勢いのある時代は過ぎ去りました。以来、教会一致の計画は現れては消えていきました。西洋世界の多くの一般のキリスト者たちは、神の王国の到来とともに、すべてのキリスト者が一つになることを祈ってきました。それは確かに強く望まれることですが、私たちが行う毎週の礼拝には特に何の影響も与えていないようです。

私は今、物事を軌道に戻す時が来たと思っています。もし私たちが唯一の真の生ける神を礼拝しているなら、教会の分裂を悲しまないでいられるでしょうか。もし私たちがイエスにおいて示された愛の神を礼拝しているなら、その愛に応えるすべての人の愛にあふれた一致を切望しないわけにはいかないでしょう。もし私たちがいのちを与えてくださる御霊によって示された神を礼拝しているなら、私たちを一つにしてくださいと、どうして聖霊に求めないでいられるでしょうか。

それでは、教会の一致についてパウロが語る聖書箇所、ガラテヤ人への手紙二章の言葉に注目することにしましょう。ここでパウロは自分自身について語っていますが、それ以上に、ある人物のことを強調しています。

> 私はキリストとともに十字架につけられました。もはや私が生きているのではなく、キリストが私のうちに生きておられるのです。今私が肉において生きているいのちは、私を愛し、私のためにご自分を与えてくださった、神の御子に対する信仰によるのです。（一九～二〇節）

ここはパウロが自分の回心とその永遠の結果をかなり大げさに描写しているだけだ、と考える人がいるかもしれません。しかし彼に起こったことは、死んで生き返ったということよりも、死を経て新しい種類のいのちへと進んだということでした。それで、十字架につけられたイエスがメシアであると認識したパウロは、熱心なユダヤ人として、このメシアと完全に一つとされ、この方に対して忠実でなければならないと理解するようになりました。そしてそれは、タルソのサウロがある面で完全にそのアイデンティティを失って、「キリストにある者」として新しいアイデンティティを見いだすことを意味しました。

しかし、そのことと、教会の一致というパウロのビジョンがどう関係しているのでしょうか。パウロの視点からすれば、それはしっかりと繋がっているのです。パウロはここで、自己満足のために自分のことを書いているわけではありません。キリストとともに死に、キリストとともによみがえるというこの描写は、そこまで記してきたことのクライマックスであり、パウロがアンティオキアでペテロと対立したという文脈の中で語られたものです。そして、その対立とは、まさに教会の一致に関するものでした。

では少し戻って、何が問題になっていたのかを見てみましょう。ガラテヤ人への手紙二章は、キリスト者はだれと食事を共にすることが許されているか、という問いにすべてがかかっています。これは初代教会にとってきわめて大きな問題でした。そしてパウロの回答は、今日においても非常に重要な意味を持っています。

パウロとペテロの口論は、次のような経緯で起こりました。ペテロはアンティオキアの教会(パウロの母教会)を訪れていましたが、そこではユダヤ人と異邦人のキリスト者たちがまったく平和裏に、一緒に食事をしていました。ペテロも何のためらいもなく、その輪に加わっていました。ところがそれは、ある人々がエルサレムのヤコブのところからやって来るまでのことでした。それ以後、ペテロはその場から離れて、他のユダヤ人、おそらくはユダヤ人キリスト者とだけ食事をするようになったのです。ペテロとパウロ、どちらが正しかったのでしょうか。

パウロは、私たちが「信仰義認」と呼ぶ教理の観点からこの問題を取り上げ、先ほど引用した言葉〔二・一九〜二〇〕でここを締めくくっています。義認は確かに四百年にわたって、プロテスタントとカトリックとの間の議論で主要な争点の一つでした。しかしパウロのここでの主張は、信仰義認を理解しているなら、だれと一緒に食事をしてもよいかで迷うことなどない、というものでした。議論全体の要点は共同体の定義についてです。今日の私たちに重要なのは、パウロによる義認の教理は、すべてのキリスト者が同意できる教えというだけでなく、それ自体が最も強力で本来のエキュメニカルな教理でもあったということです。教理に関する議論に真剣に取り組めば、義認について何世紀にもわたって繰り広げられてきた辛辣な論争に終止符を打つ公式を導き出せるというものではありません。義認自体は、私たちに矛を納めるようにと告げる教理であり、さらに、それをどのように行うかを教えるものなのです。

タルソのサウロ、また彼がキリスト者になる前のユダヤ人の友人たちは、ただ座って宗教的教理について議論していたわけではありません。彼らは、イスラエルの神が行動し、神が王国をもたらすことを切望していました。そして、これは異教徒や異邦人の諸国に対する神の勝利によってもたらされると信じていました。彼らの祈りと政治活動はすべて、この目的に注がれていました。そして、今日に至るまで熱心なユダヤ人たちが信じているように、このことが実現する唯一の方法は、イスラエルが異教に媚《こ》びるのをやめ、聖なる神の民として、この世界から分離し、律法に忠実であり続けることでした。タルソのサウロが待ち望んでいたのは、イスラエルがだれの目にも見える形で、国家的・民族的な解放を得て、唯一の真の神の真の民となることでした。

　ペンテコステから数年しか経たないなかで、ペテロはアンティオキアの教会において、二つの立場の板挟みになりました。

　エルサレムのキリスト者たちは非常に明確な立場を取っていました。彼らはユダヤ人キリスト者で、神への熱心さと異邦人に対する敵意のゆえに、異邦人が割礼を受けないかぎり、これと交わりを持とうとしませんでした。イスラエル民族としての希望が依然として最優先事項でした。彼らの視点からすると、異邦人が割礼を受けないことは、アブラハム、イサク、ヤコブの神への献身に真剣さを欠いていることを意味しました。

　パウロの立場も同様に明確で、それよりもはるかに急進的なものでした。キリストにあって新しくされた神の民は一つの民であると主張しました。神の民は、天の下にあるすべての国々から召されたのであり、人種や文化的な資格を必要としないというのです。イエスの福音を信じることが、その唯一の資格証でした。それが「信仰義認」でした。

あわれな老いたペテロは困惑していました。そうした二つの立場の板挟みになっていたのです。そしてついに自ら身を引き、異邦人キリスト者と一緒に食事をしないことにしたわけです。するとそれに伴い、アンティオキアの他のユダヤ人キリスト者たちや、パウロの親しい同労者で旅の仲間でもあったバルナバまで身を引いてしまったのです。

パウロは、ペテロに対して述べたことをガラテヤの信者たちにも伝え、非常に重要な問題を指摘します（二・一四）。ペテロはユダヤ人です。それはそれでよいでしょう。ペテロはイエスがメシアであるとずっと信じていましたが、それが十字架と復活を意味することを理解するようになりました。そして、自ら異邦人への宣教の先駆者となって、イエスを信じる人々を人種的な制約なしに自由に受け入れていました。それで、パウロはペテロに言います。「あなたのその行動は、異邦人のキリスト者たちが二級市民であると告げるものです。神の民の完全なメンバーになりたいのなら、割礼を受け、ユダヤの民のようにならなければならない、と言っているのです。」パウロの視点からすると、ペテロの行動は明らかに矛盾に満ちたものでした。

それゆえ、パウロはペテロに語ることを通して、すべてのキリスト者の一致の根拠を明確に示しているのです。神の家族の一員となるのは、人種民族によるのではなく、恵みによります。道徳によるのではなく、神の赦しの愛によります。特定の文化や身分、性別によるのではありません。十字架のもとではすべての人が平等なのです。パウロは次の章でその要点を述べています。ユダヤ人もギリシア人もなく、奴隷も自由人もなく、男と女もありません。みなキリスト・イエスにあって一つだからです、と〔三・二八〕。
ですから、神の家族の一員であることの唯一の資格証は、私たちみなに共通するものです。すなわち、キリスト・イエスにおける神の救いのみわざと、信じる者はそれを受け入れるということ、ただ信じるということです。それが信仰義認です。そしてそれは、個人的な霊的体験がどれほど劇的なものであろうと、先に引用した箇所（二・一九〜二〇）でパウロが語っていることなのです。

しかし私は、神に生きるために、律法によって律法に死にました。私はキリストとともに十字架につけられました。もはや私が生きているのではなく、キリストが私のうちに生きておられるのです。今私が肉において生きているいのちは、私を愛し、私のためにご自分を与えてくださった神の御子に対する信仰によるのです。

パウロは、典型的なユダヤ人が、十字架につけられ復活したイエス・キリストという生ける神の啓示に直面したときに、どうなるかを示す例として自分自身を使っています。要するに、彼は自分の内側をさらけ出しているのです。
パウロの論点を一つ一つ見ていきましょう。彼は自分自身のことだけでなく、神の目的全体についても語っています。メシアはイスラエルを象徴します。メシアは死んでよみがえりました。イエスをメシアとして認める人々は、神の計画が十字架であったことに気づきます。その人たちはメシアとともに十字架につけられ、新しいいのち、メシアのいのちを与えられ、それが彼らのアイデンティティを再定義することになります。彼らはもはや民族や地域、文化的環境によってではなく、ただ「メシアの民」、つまり「キリストにある」民として規定されます。ユダヤ人キリスト者は、ユダヤの律法が定義づける背景から抜け出ました。彼らのアイデンティティはもうそこにはありません。異邦人キリスト者は、彼らの社会や文化の世界を特徴づける状況から抜け出ました。そうしたところには、彼らの真のアイデンティティはもうないのです。

このように、ユダヤ人も異邦人も、生ける神に対して新しい形でよみがえりました。しかし彼らのいのちは、両親から受け継いだものでも、家族や土地や民族のタブーに規定されたものでもありません。すべてのキリスト者のいのちは、神の御子に対する信仰、神の御子の忠実さによって定義されるのです。そして神の御子は、「私を愛し、私のためにご自分を与えてくださった方」として知られています。パウロにおいてよく見られることですが、教理の核心には冷たい精神ではなく、温かい心があります。抽象的な体系ではなく、愛の行為と愛の応答です。

ですから、パウロにとって、人種、地理、カルト的なタブーなどによって規定される世界に一瞬たりとも戻ることは、愛や福音の光と真理、恵みに逆らうことなのです。「私は神の恵みを無にはしません」と彼は言いきります（二一節）。「もし神の民の一員になることが律法によって得られるとしたら、それこそキリストの死は無意味になってしまいます。」イエスの死は愛と解放のメシアとしての大いなる行為であり、イスラエルの神は一度限りのその行動によってご自分の民を救い、さらには彼らを通して全世界を救われるのです。これに逆らうことは、神の愛と恵みの行為に背くことです。

つまり、パウロにとって福音の要点は、他の箇所でも明確に述べているように、王であるイエスのみわざと宣言によって、世界を細かく切り刻んで支配してきた闇の支配や力は、根底から揺るがされたということです。新しい王国が樹立され、そこでは古い民族主義や、それを支えるイデオロギーと偶像崇拝は不要だと宣言されました。そして、キリストの名を呼びながら、聖なるものが宿るとされる古い建造物など――そこがどれほど由緒あるものであったとしても――を暗に拝み続けている人は、わざわいなのです。

こうしたことを踏まえて、この素晴らしいパウロの神学の今日的な意義について述べようと思います。中心的論点に戻りましょう。信仰義認とは、努めて同意できるような単純なものではありません。実際、この教理は、メシアであるイエスを信じるすべての人は、民族、地理、性別、階級などの背景に関係なく、同じ食卓に着くと宣言するものです。「ユダヤ人もギリシア人もなく、奴隷も自由人もなく、男も女もありません。あなたがたはみな、キリスト・イエスにあって一つだからです」〔三・二八〕。パウロの義認の教理はエキュメニカルな教理なのです。

したがって、ガラテヤ人への手紙二章は、真理を紹介しているだけでなく、それに基づいて行動するための課題を私たちに提示しています。そしてこの先にあるのは、教理をどう定義するかの問題ではないのです。それは、この教理が適切に理解されることで明らかになる世界へ、つまり象徴と実践の世界へと広く踏み込んでいくことです。そうしたことについて少し述べることにしましょう。

ガラテヤ人への手紙二章の中心にあるのは、抽象的な個別の救いではなく、一緒に食事をするということです。パウロは、ガラテヤの信者たちが教理上の議論のすべてに同意するまで、一緒に食事をしないで待つなどということを望んではいません。一緒に食事をしないことは、誤った答えです。彼の主張の要点は、キリストにある人はすべて、互いに同じ食卓に着くべきであるということです。

これが今日の状況とどう関連しているかは明らかです。二十世紀に生きる私たちキリスト者の間にある相違はしばしば、文化的、哲学的、民族的な隔たりを反映したもので、それらがユーカリスト〔聖餐式、主の晩餐〕における完全で喜ばしい交わりから私たちを遠ざけるようなことがあってはなりません。教会は聖書とキリスト教の教えに従うべきです。そして、本末転倒を正す時が来ていることに気づくべきです。私たちがそのようにするならば、皆が礼拝する主の食卓に共にあずかり、宗派教派の異なる教会の間で教理的な合意に達する可能性が高くなるでしょう。つまり、相互聖餐〔訳注＝宗派教派の異なる教会が、互いに相手の所属教会員に自分の教会の聖餐式に参加し、聖餐にあずかることを許可し合うこと〕は、教会一致の道のりの最後に得られるご褒美と考えるべきものではなく、その道を舗装するものなのです。なぜ近年、その道をあまり速く進めないのでしょうか。それはおそらく、しっかりと舗装がなされていないために泥にはまり込んでしまったからでしょう。

しかし、このことは、私たちが行うことを最高の地位に引き上げ、私たちが信じることと対立させてしまわないでしょうか。「行い」と対立するものとして「信仰」を強調する宗教改革はときに逆説的に、パウロの神学が明確に主張していることを骨抜きにしてしまうことがありました。パウロの神学は、福音の普及のために、すなわち全世界に、とりわけ地域や部族の枠に人々を閉じ込めている権力者や支配者たちに、イエス・キリストの主権を告げるために、心を一つにして共に働き、私たちの一致を示すべきであると主張します。一九九〇年代になって、忠実なキリスト者を自任する人々をはじめとする民族主義が野放しにされた結果、どんなことが起こるかを私たちは再び目の当たりにしました。福音そのものは、カトリックやプロテスタント、正教会やメソジスト、英国国教会やバプテスト、さらにはそれらを看板とする国家、文化、地理的な区分によって自らを特徴づけようとするあらゆる試みに反対します。私たちはキリストにあるというところに自らを特徴づけなければいけません。それに伴う実践が、互いに愛し合い、愛をもって全世界にイエス・キリストを告げ知らせることなのです。

ですから、福音の真理を歪める民族主義が見られるところどこにおいても——ボスニアであろうとバーミンガムであろうと、ヨルダン川西岸であろうとウルヴァーハンプトン〔イングランド中部ウェスト・ミッドランズ州の都市〕であろうと、スタッフォードシャー〔イングランドのウェスト・ミッドランズに位置する典礼カウンティ」であろうと南アフリカであろうと――、私たちはそこをありのままに名指しし、キリストにあるすべての人は一つであると宣言しなければなりません。伝道は、厳密に考えれば、最もエキュメニカルなものであるべきなのです。私たちが自分自身や私たちの問題や混乱よりも、キリストが死んでくださった世界のほうに目を向けるならば、そうした問題や混乱も適切な視点で見ることができるようになるでしょう。自分自身の嫉妬で固められたアイデンティティから目を背け、キリストにあって、キリストによってのみ私たちが特徴づけられていることに気づくこと、それこそビジョンなのです。私はキリストとともに十字架につけられました。にもかかわらず、私は生きています。それでも、もはや私が生きているのではなく、キリストが私のうちに生きておられるのです。今私が肉において生きているいのちは、私を愛し、私のためにご自身を与えてくださった神の御子に対する信仰によるのです。

今、パウロから、新約聖書全体に目を向けてみましょう。そこには、神がイエス・キリストにおいてなさった素晴らしいこと、神の力、臨在、栄光が明らかに示されたことが記されています。今日の世界に、神の力、臨在、栄光を明らかに示すにはどうすればよいでしょうか。皆キリストの名によって、愛と一致と使命をもって集まることではないでしょうか。そのためには奇跡が起こらないとだめだ、という声が聞こえてきます。しかし、もう一度言いますが、それこそがイエスが得意としておられることではないでしょうか。

# 第13章　兄息子

その年、十二月のニューヨークは寒く、大恐慌のあおりを受けたその男の子は、外に出る前に服の中に新聞紙を入れ、足を保護するために薄い靴底に段ボールを詰めました。彼は凍える寒さの中、長い市街地を何十ブロックも歩き、ダウンタウンにある老舗デパートの「メイシーズ」の外にできた行列に並びました。（言っておきますが、これは実話です。）彼はサンタクロースに会いたかったのです。サンタクロースが実在するのかどうかよくわからないながらも、その子は心躍らせるようなことがあることを耳にして、自分もそれにあずかりたいと思っていました。ついに彼の順番が来ました。白い髭《ひげ》を生やした人物は彼を上から下まで見て、言いました。「ユダヤ人の坊や、ここはおまえの来る所じゃない！　ラビのところへ行きな！」男の子は怒り、白髭の男に唾を吐きかけました。すると、サンタクロースはその子を蹴り、そこにいた子どもたちもそれと同じようにし、デパートの店員たちは彼を寒い通りへと追いやりました。男の子は泣きながら家に帰り、「これがクリスマスにクリスマスの世界を生きるユダヤ人の子どもの姿なんだ」と思いました。

それから数十年後の、一、二年前の英国に移りましょう。ユダヤ人をイエス・キリストの愛に導くことを使命とするある団体が、あの偽りのサンタクロースと同じ過ちを犯さないという決意を胸に、ロンドンの地下鉄の広告スペースを購入しました。そこに掲げられたメッセージはシンプルなものでした。「ユダヤ人をイエス様に導こう！　なぜって？　ユダヤ人のためのイエス様なのだから。」すぐに、ロンドンのユダヤ人共同体《コミュニティ》の指導者たちが交通当局に激しい苦情を申し立てました。「ハラスメント」や「標的」などといった言葉を使って。そして、その広告は撤去されることになりました。

皆さんはどちらの側にいるでしょうか。ニューヨークのサンタクロースに賛成ですか。クリスマスはとにかくユダヤ人のためのものではないという意見でしょうか。それとも、ポスターを掲げた団体に賛成でしょうか。イエスの愛はわけ隔てなくすべての人に向けられたものであって、ユダヤ人にも異邦人にも及ぶものであるという意見でしょうか。それとも、第三の意見をお持ちでしょうか。こうした神学的な難問をどう解決すればよいのでしょうか。

このことを無視することだけは避けなければなりません。少し前にロンドンの地下鉄で、現代の結婚生活の悲惨さを描いた映画の宣伝ポスターを見かけました。見出しにこうありました。「結婚生活は中東のようなものだ。解決策はない。ただじっとして、問題が収まるのを願うだけだ。」中東の現状は、政治的問題が解決不可能であることを示す代名詞になってしまっています。この状況の重要な要素の一つは、言うまでもなく宗教です。一九四八年、ユダヤ人たちがかつて住んでいた地の一部を、ユダヤ人に永住地として与えることになりました。それは、ホロコースト以後、彼らに他の選択肢がなかったためだということです。そして、今日まで、ホロコーストの主な原因はキリスト教の反ユダヤ主義であったと、数々の証拠があげられ、主張されています。

では、どのように問題を整理し、それらについてキリスト教の視点から見ていったらよいでしょうか。私は、聖書に基づくキリスト教信仰と現代の状況を結びつけるうえで必要な三つのステップを考えていますが、もし私たちがイエスにおいて啓示された神、アドベントとクリスマス、聖金曜日とイースターの神を忠実に礼拝しているなら、こうした問いかけは無視できないものです。

最初に言っておかなければならないのは、ユダヤ人とユダヤ教がなければ、キリスト教はそもそも存在しなかったということです。あるキリスト者たちがときに言うように、イエスは特定の民族に属している必要があって、それがたまたまユダヤ民族だったなどという単純なことではありません。いや、イエスがユダヤ人であったところに意味があるのです。

考えてみてください。今多くの教会で人気を集めている「アドベント・キャロル・サービス」を例に取ってみましょう。アドベントの時期に歌われる定番のキャロルはどれも、イエスが希望の成就であるという事実を讃えています。この希望自体は世界の希望ではありません。当時の世界は戦争がやんで、税金が安くなること以外、あまり多くのことを望んでいなかったからです。これはイスラエルの希望の成就だったのです。「おお、来たれ、来たれ、インマヌエルよ、そして捕囚のイスラエルを解き放ちたまえ」〔訳注＝讃美歌九四番「久しく待ちにし」の原詞より〕。素晴らしい賛美歌の一節一節が、イエスがイスラエルの待ち望んでいたことの成就であると叫んでいます。アドベントが何を意味するのかといえば、それはメシアがイスラエルに来られるということです。「喜びの音に耳を澄ませ！　救い主が来られる。長い間約束されていた救い主が」〔訳注＝讃美歌一一二番「もろびとこぞりて」の原詞より〕。「イスラエルの力と慰め、全地の希望よ、あなたは」〔訳注＝讃美歌九四番「久しく待ちにし」の原詞より〕。彼が全地の希望であるのは、イスラエルの力であり慰めであるからにほかなりません。見張りの声を聞くのはシオンであり、バッハの有名な「目覚めよと呼ぶ声が聞こえ」によって目覚めるのはエルサレムです。「慰めよ、慰めよ、わたしの民を。――あなたがたの神は仰せられる」というイザヤ書四〇章をアドベントのたびに読むとき、それは、イエスの到来によって、神がついにイスラエルへの約束の言葉を成就されたと主張していることなのです。

アドベントだけではありません。クリスマスも同じことが言えます。「おお、来なさい、おお、ベツレヘムに来なさい」〔訳注＝讃美歌一一一番「神の御子はこよいしも」の原詞より〕。こう歌われるのは、ここがユダヤ人の王族の生まれる所だからです。「今日ダビデの町で、あなたがたのためにダビデの家系から救い主がお生まれになった。この方こそメシアです……」〔訳注＝讃美歌「羊飼いが群れを守る夜に」〕。こうした歌詞を何気なく歌っている人々の多くは、教会の外にダビデの星が掲げられていると、大きなショックを受けるでしょう。「たたえよ、義の太陽を」〔訳注＝讃美歌九八番「天には栄え」の原詞より〕は、預言者マラキがユダヤ人の大いなる希望として預言した方のことです〔マラキ四・二〕。クリスマスは、アドベントと同様に、ユダヤ人のメシアの誕生を祝うものです。もしそうでないと言うなら、「ひいらぎかざろう」や「クリスマス、おめでとう」とだけ歌って、終わりにしたほうがいいでしょう。そのようにすれば、古い異教の冬至のお祭りにふさわしくなるでしょう。

　しかし皆さんは言うでしょう。イエス・キリストはユダヤ人の救い主であるだけでなく、世界の救い主なのではないか。と。確かにそうです。しかし、その考え自体がまさにユダヤ人の考えです。クリスマスから間を置かずに訪れる顕現日は、この世の王たちがユダヤ人の少年王に敬意を表するためにやって来たからこそ意味をなすのです。「この世には多くの高貴な都市があるけれども、ベツレヘムよ、あなたは最も優れている。天の主はあなたからご自分のイスラエルを治めるためにやって来られた」〔訳注＝讃美歌「この世には多くの高貴な都市がある」〕。王たちが王の王のもとにやって来ます。この方が王の王であるのは、イスラエルの王たちがもともと常にそうであったからです。詩篇を読めば、そのことが何度も何度も述べられていることがわかるでしょう。「王の王、主の主」と聞いて皆さんは何を思い起こしますか。ヘンデルの作った『メサイア』でしょう。ところが、ヘンデルの『メサイア』の台本の約九〇パーセントが、イエスご自身の物語の部分の大半を含めて、新約聖書でなく旧約聖書の預言で構成されていることに気づかれたでしょうか。皆さんがイエスを礼拝するとき、皆さんはユダヤ人を礼拝しているのです。皆さんがイエスに祈るとき、皆さんはユダヤ人に祈っているのです。皆さんがユーカリスト〔聖餐式、主の晩餐〕を祝うとき、皆さんはユダヤ人のメシアを記念するユダヤ人解放パーティーを祝っているのです。ユダヤ教の希望を取り去ってしまえば、キリスト教は、チェシャ猫が姿を消した後に、そこに残っている猫のニヤニヤ笑いのようになってしまいます〔訳注＝ルイス・キャロルの『不思議な国のアリス』に、このチェシャ猫が登場します〕。そして、その笑みはますます不気味なものになってしまいます。

私たちは、クリスマスと顕現日から聖金曜日とイースター、昇天とペンテコステまで、物語をおおむねたどることができますが、全体を通して確かにそのとおりです。キリスト教の全体像は、イスラエルが待ち望んでいたものの成就であると主張するかぎりにおいて、意味をなすのです。神学者の中には、それを最小限のものにしようとする人たちがいますが、それは、自分たちが腰かけている枝を切り落とすようなものです。面白いことに、多くのキリスト者は、そうなっていることや、まったく異なるものを再構築していることに気づいていません。つまり、異教的なイエスを求め、これを受け入れる異教的で非ユダヤ教のキリスト教のパロディをつくり上げているのです。そして、実際にそのようなことがなされてきています。その兆候の一つとして、キリスト者を公言する者や自称キリスト者の共同体《コミュニティ》内において、反ユダヤ主義が台頭しているのです。

キリスト教のルーツがユダヤ教であることは、英国国教会を含む多くの教会で毎週歌われ語られる典礼の中にも織り込まれています。「主はあわれみを忘れずに、そのしもべイスラエルを助けてくださいました。私たちの父祖たちに語られたとおり、アブラハムとその子孫に対するあわれみをいつまでも忘れずに。」　これを削除すれば、マニフィカート〔マリアの賛歌〕の素晴らしいクライマックスは奪われることになります。そして、ヌンク・ディミティス〔シメオンの賛歌〕もそうです。「私の目があなたの御救いを見たからです。あなたが万民の前に備えられた救いを。異邦人を照らす啓示の光……を。」　これは、この幼子が一にも二にも「御民イスラエルの栄光」だからです。キリスト教がイスラエルの希望の成就であるという主張を取り除いてしまえば、キリスト教の典礼も神学も失われてしまいます。

以上が私の第一の論点です。キリスト教の中心には、イエスがイスラエルに約束された方であるという主張が不可欠な要素としてあるということです。イエスは世界の救い主ですが、それは、神がイスラエルを、世界を救う手段として召し、（キリスト者が主張するように）イエスがその大いなる希望を成就されたからです。

第二の論点は、反ユダヤ主義の傾向についてです。キリスト教の歴史には常に反ユダヤ主義が潜在していましたが、実際には、それは純粋なキリスト教の現象ではありません。キリスト者が反ユダヤ主義を黙認し、それに加担し、それを助長するということがありました。しかしそうすることで、その人たちはキリスト者としてではなく、異教徒として行動したのです。この点について、少し詳しく説明する必要があるでしょう。

最初の一世紀には、自分たちこそ真のイスラエルであると主張し、他のすべてのユダヤ人を反逆者として非難するいくつかのグループがありました。エッセネ派がそうでした。パリサイ派がそうでした。様々な革命的なグループがそうでした。「自分たちこそアブラハムに約束された真の相続人であって、相続人だと主張する他のすべての者は偽者だ」と論じました。それでは、パリサイ派の人たちは、他のすべてのユダヤ人に対してそう主張したことで、反ユダヤ主義者だったでしょうか。もちろんそうではないでしょう。エッセネ派の人たちは、そう主張したことで、反ユダヤ主義者だったでしょうか。もちろんそうではないでしょう。彼らは自分たちが真のユダヤ人であると主張していました。彼らが反対したのはユダヤ教ではなく、その信念や行動のゆえに「ユダヤ人」という称号を失ったグループでした。キリスト教が出現し、非常によく似た主張をしたことで物議を醸しましたが、それは決して反ユダヤ主義や反ユダヤ的ではありませんでした。

エッセネ派とパリサイ派は、他のユダヤ人が自分たちの運動に参加することを望んでいました。そうなるように確かに祈っていました。それは反ユダヤ主義的な願いだったのでしょうか。もちろんそうではないでしょう。キリスト者たちは、キリスト者でないユダヤ人が自分たちとともに真のイスラエルであることを祝うことを望み、そうなるようにと祈っていました。それは反ユダヤ主義だったでしょうか。もちろんそうではないでしょう。英国で最も有名な現代のユダヤ人弁証家の一人であるハイアム・マコービーという学者は、少し前のテレビ番組で、パウロがイエスの復活を信じたことが反ユダヤ主義の土台となったと主張しました。もちろんマッコビーは、初期のキリスト者が、自分たちこそイスラエルの成就であると主張して、ユダヤ人を劣った民族であると見下す道を開いたという意味でそう言ったのです。けれども、最初の世代のキリスト者については決してそんなことは言えません。というのは、その人たちは、キリスト教がユダヤ教の運動であることを自覚していたからです。キリスト教が世界に広がったとき、それはユダヤ教の一派として認識されました。異教の世界のものよりも、はるかにユダヤ教に類似していたからです。反ユダヤ主義ではなく、反異教的だったからです。

しかし同時に、キリスト教はユダヤ教との関係で自らの特徴を表明する必要がありました。そして、それが何年にもわたって、多くの災厄を生み出してきました。初期のギリシア教父ヨアンネス・クリュソストモスから、十六世紀の宗教改革者マルティン・ルター、そしてナチス・ドイツ下の有名な新約聖書学者ゲルハルト・キッテルまで、キリスト教の伝統の中には、現代の私たちを戦慄させるような方法でユダヤ人を非難した偉大な思想家や教師たちがいました。そして私たちの血を凍りつかせるのは、もちろんあのホロコーストです。

ホロコーストはどのようにして起こったのでしょうか。今日、これはキリスト教のせいであるとする声が多くあります。しかし、わずか数十年前に、文明化されたヨーロッパで六百万人ものユダヤ人を死に追いやった反ユダヤ主義の真の根源は、新約聖書ではなく、ヨーロッパの様々な哲学者の異教の教えやリヒャルト・ワーグナーの異教文化にありました。そして教会がこれに関与していることは悲劇としか言いようがありません。なぜなら、新約聖書にはローマ人への手紙九章から一一章にかけて、教会が異教の反ユダヤ主義の道を歩むことをはっきりと警告する印象的な聖句があるからです。そして悲劇的なのは、ローマ人への手紙九章から一一章が、宗教改革者たちが一章から八章に集中したことによって過小評価されたことです。福音のメッセージの包括性とそれがイスラエルにも及ぶことが、宗教改革者たちが個人の救いに集中したことで過小評価されてしまったのです。そのため、教会は立ち上がって、起こっていることに対して異議を唱えるべきときに、自分の武器庫の重要なところへ達するための鍵を失ってしまいました。それどころか、異教に魅了されてしまったのです。教会自身がキリスト教を実践しなかったため、キリストの光を自らの民に照らすことができませんでした。『ヴェニスの商人』の名ばかりのキリスト者の「英雄たち」が、〔強欲な高利貸しのユダヤ人〕シャイロックが本当の悲劇的英雄を演じるのを傍観しているところを思い浮かべてみてください。

いやはや、御先祖アブラハム様よ、キリスト教徒という方々は、こんな人たちなんでございますかね。自分ら同士が、薄情なことをやらかしているもんだから、他人まで薄情だと勘ぐっていなさるらしい。（一幕三場）〔安西徹雄訳、光文社、三九頁〕

何のためだ？　ただ、わしがユダヤ人だからという、ただそれだけのため。ユダヤ人には、目がないのか。ユダヤ人には、手がないのか。胃も腸も、肝臓も腎臓もないというのか。四肢五体も、感覚も、感情も、激情もないというのか。同じ物を食い、同じ刃物で傷つき、同じ病《やま》いで苦しみ、同じ手当てで治り、夏は暑いと感じず、冬も寒さを覚えないとでもいうのか。何もかにも、キリスト教徒とそっくり同じではないか。針で突けば、わしらだって血は出るぞ。くすぐられれば、笑いもする。毒を盛られれば、死ぬではないか。それならば、屈辱を加えられれば、どうして復讐をしないでいられる。何であろうと、わしらがあんたらと同じであるなら、復讐することだって違いはない。（三幕一場）〔同書、一〇〇頁〕

ここに真の悲劇があります。キリストの福音が徹底的に放棄しようとする復讐が、キリスト教社会にまで定着してしまいました。羊の皮をかぶったオオカミや、キリスト教用語を口にする異邦人たちから、ユダヤ人が学んでしまいました。反ユダヤ主義という非難は、古代ローマ、初期の教会、中世や十九世紀のヨーロッパ、二十世紀のスターリン主義のロシアやナチス・ドイツ、そして残念なことに、二十世紀の英国、フランス、アメリカ、日本、そして現代文明を代表する主要国に対して向けられるべきものです。これらの異教主義者の多くは、自らをキリスト者であると公言しています。これは第一級の煙幕です。

それゆえ、西洋世界のキリスト教文化が今日、その唯物主義とニューエイジのイデオロギーの両方で、より露骨なネオペイガニズム（新異教主義）に傾倒し衰退していくなかで、反ユダヤ主義が再びその醜い頭をもたげています。私たちは、こうした事態が起こるのを予期すべきだったのかもしれません。ヒトラーのプロパガンダと関係のある悪辣な反ユダヤ文学は、ヨーロッパ全土、ロシアと、かつての衛星国、もちろんアラブ諸国、さらには日本でも、多く販売されています。アメリカには、ホロコーストが起こったことを否定するだけでなく、ホロコーストを引き起こしたまさにその教えを広めている邪悪なグループもあります。

はっきり言いましょう。私は、ホロコースト後の神学にはさほど関心がありません。しかし、ホロコースト前の神学は注視しています。それが再び起こる可能性があるからです。決して不安を煽っているわけではありません。冷静な現実認識です。私たちは近年、ホロコーストが起こった場所からそれほど遠くない国で、いわゆる「民族浄化」を目の当たりにしました。けれども、西側諸国はそれにどう対処すべきかがわからずにいました。もしまた暴力的な反ユダヤ主義の活動が勃発したならば、今度こそ私たちキリスト者は正しい対応をしなければなりません。私たちは立ち上がって、それは神への冒瀆であると言わなければなりません。反ユダヤ主義の行動は異教徒の悪徳であり、キリスト者は、恐喝、姦淫、魔術に対してと同様に、これに反対しなければいけません。キリスト者は反ユダヤ主義を黙認したとき、自らの信仰を異教と妥協させてしまったのです。

以上が私の第二の論点です。キリスト教自体は反ユダヤ主義でも反ユダヤ的でもありません。

しかし、実際に罪深い関わりに引き込まれることが多々ありました。この教訓を私たちは学ぶ必要があります。

では、第三の論点に移ります。これが最後の論点です。この遺憾な状況に対するキリスト者の適切な対応はどのようなものでしょうか。一つのアプローチは、すでに述べた、パウロによるローマ人への手紙に記されていることです。なぜイスラエルはメシアを信じなかったのでしょうか。そして神はそれに対して何をしておられるのでしょうか。

ローマ人への手紙九章から一一章という大切な章において、かつては強硬なパリサイ派であったパウロは、神の前でこの問題と取り組み、驚くような神学的見地に立った見事な答えを導き出します。神は全世界を救うことを望んで、世の悪を御子に引き受けさせ、悪の力を取り除かれました。そのために一つの民族を選び、御子が生まれる家族となるように準備なさいました。この民は異教徒のように罪深く、メシアは、世の罪の重荷の真っただ中に生まれ、その重荷のもとで死ぬことになりました。この民が自分自身の特別な地位に目を向けるだけで、その召しに注意を向けないとすれば、全世界を救うというユダヤ人のビジョンを持つメシアを拒絶することになります。そして実際に、そうした事態が起こったのであり、現在もそうなっているのです。パウロが言うように、民は神の不思議な目的を理解せず、自分たちの目標と地位を確立しようとしました。しかし、メシアは神の不思議な目的を完成に導き、それによってユダヤ人だけでなく、すべての人が神の選ばれた民になることを可能としてくださいました。

では、ユダヤ人自身についてはどうでしょうか。彼らは最終的に神の民となる機会を逃してしまうのでしょうか。キリスト教はユダヤ人の一世代のみを対象としていて、それ以降は対象外なのでしょうか。異教徒からキリスト者になった人たちが、ユダヤ人に対して、「神の国は今や私たちのものだ。おまえたちとは関係ない」と言えるのでしょうか。パウロの答えは明快です。人間はみな罪深く、ユダヤ人もギリシア人も同様で、神の王国の門の前で謙虚になる必要がある。異邦人は、本質的にはユダヤ人の家族の一員になるように招かれた。ユダヤ人は、ある意味ですでに家族の一員だったが、その家族に多くの異邦人が平等な権利を持った養子として迎え入れられる、というのです。「神はすべての人（ユダヤ人も異邦人も）を不従順のうちに閉じ込めましたが、それはすべての人をあわれむためだったのです」（ローマ一一・三二）。そしてこれは、パウロが言うには、どの世代においても、神はユダヤ人に対してイエス・キリストを信じるようになることを切望しておられるということです。これとは異なること（たとえば、ユダヤ人が今や神の王国に歓迎されていないと示唆すること）を言うなら、それは、真の反ユダヤ主義、真の異教徒による尊大さなのです。

ここまでがパウロの主張です。しかし、私たちはこのやや抽象的ではあるけれども非常に深遠な神学に、具体性を加えなければなりません。そのために、結論として、イエスの最も有名なたとえ話の一つ（ルカ一五・一一～三二）に戻ろうと思います。それは「放蕩息子のたとえ」と言われていますが、「失われた二人の息子」というタイトルのほうがふさわしいでしょう。

イエスがもともと語った話では、放蕩息子は、イエスが王国に迎え入れようとした「のけ者たち」を、兄息子は、このあきれた行動に不平を言うパリサイ派の人々や律法学者を象徴していました。しかし、ルカがこのたとえ話を語り直したときには、もう一つのレベルの意味を込めたかったのではないかと思います。放蕩息子は異教徒で、教会の異邦人宣教を通して王国へ迎え入れられます。兄息子はユダヤ人で、パーティーに参加することを拒否しています。この物語では、異邦人キリスト者が弟息子のように、新しい衣、新しい履き物、盛大な宴会といった驚くべき恵みの行為をもって父に歓迎されます。一年前には異教徒たちとパーティーを楽しみ、一週間前には農場で豚のような食事をしていた人々が、今では長い間失われていた息子として歓迎されるのです。

兄息子はどうでしょうか。弟は兄に対してどのような態度を取るべきでしょうか。たとえ話では、父親は兄息子を説得してパーティーに参加させようとします。説得が成功したかどうかは語られていません。イエスの時代には、ほとんど成功しなかったようです。ルカの時代になっても、ほとんどそれは変わらなかったでしょう。

では、この話を歴史を通して、現在にあてはめて展開するとしたら、どうなるでしょうか。想像の枠を広げるために、家族の規模を少し大きくしてみます。

昔むかし五人の子どものいる男がいました。一番上の子は家にいて一生懸命働き、他の四人(男の子二人、女の子二人)は可能なかぎり多くの物を持って家を出て、贅沢三昧の暮らしをしました。ところが四人はやがて破産し、それこそしっぽを巻いて家に戻って来ました。父親は驚くほど寛大に四人を迎え入れ、パーティーを開きました。ところが、長男は不機嫌になり、家の中に入ろうとしませんでした。

翌朝、四人が集まり、コーヒーを飲みながら話し合いの時を持ちました。

「ユダをどうにかしないと」と、コンスタンティヌスが口火を切りました。「昨夜はとても横柄だったね。ぼくたちのことを、まるで猫が取って来た獲物を扱うかのように、鼻をつんとして立ち去った。本当に頭にきたよ。ボコボコにして、懲らしめてやろうじゃないか。」

「あわてないで!」とポーシャが言いました。「私たちの兄さんよ。もっと良い考えがあるわ。今夜も賑やかなパーティーを開きましょうよ。そして兄さんを引っぱり込んで、楽しんでもらいましょうよ。」

「わからないなぁ」とエンライトメントが言いました。「兄さんはぼくたちとはまったく違うと思うな。あの人は放っておいたほうがいいんだよ。あの人はあの人で、ぼくたちはぼくたちでいればいいと思うよ。兄さんに何か言ったり、兄さんのことで何かを話したりするのは、そもそも思い上がりだよ。もう無視したら……。」

「兄さんのことを無視するの?」とポーリーンが言いました。「私、昨夜は眠れなかったわ。ユダ兄さんが出て行ったとき、私はとても悲しかった(それに、兄さんがそうした理由もよくわかるような気がするの)。まるで私の一部が一緒に出て行ったように感じたわ。兄さんが戻って来るまで、家族が元どおりになれないように思うの。でも、兄さんは自分なりのやり方で、自分なりのタイミングで戻って来るはずよ。兄さんにプレッシャーはかけられないわ。それに兄さんに悪さをしてはダメよ。私たちにできることといえば、兄さんが『戻って来たい』と思うような状況にすることだと思うの。兄さんが喜ぶようなパーティーを開くこともいいわ。私たちがどれほど後悔しているかを伝えて、兄さんのことを本当に迎え入れたいと思っていること、本当に戻って来てほしいと思っていることをしっかり示すのよ。それともう一つ。お父様にもう一度説得してもらってはどうかしら。それが一番良い方法だと思うわ。」

耳のある人は、聞いてください。膝のある人は、祈りましょう。

# 第14章　生ける真理

さあ、一緒にガリラヤに行きましょう。湖から上って、丘のほうへ。

山上の説教が最初に聞かれたのがどの丘なのか、定かではありませんが、それでも熱心な巡礼者たちは、ある場所を選んで、教会を建て、その周囲に美しく静かな庭園をつくり、そこを「祝福の山」（The Mount of Beatitudes）と呼んでいます。その山はカペナウムの丘を登ったところにある素敵な場所で、修道士や考古学者たちはこの小さな村にできるだけ多くの観光客を集めようと忙しく働いています。敷地、その環境、庭園、教会、そして中に入ると、丁寧に彫られた「山上の説教」の言葉（心の貧しいものは幸いです、悲しむ者は幸いです、など）が皆さんを迎え、山上の説教、特に「八つの祝福」が何を意味しているかがわかるように設計されています。この場所全体が、これらの印象的なフレーズについての一般のキリスト者の理解と一致しています。しかし私は、その理解はおおかた間違っていると思っています。

その場所、教会、庭園、また装飾の持つ象徴性はすべてが組み合わさって、あの言葉のことを考えるのに先立って、皆さんに語りかけています。ここには、静寂で平穏な生活があります。

だれにも、そして何にも邪魔されない穏やかで素朴な霊性があります。すべての人に対して親切にし、天国への思いを深め、世俗から離れた静かな暮らしがあります。それは、日常の様々なプレッシャーから皆さんを守り、死後に天国へ行く備えをする暮らしです。つまり、ときに教会で好評だったある種の敬虔さの形を伝えているのです。この敷地を選んだ人々の心には、かなり明確な考えがあったと思います。史実に基づくというよりも、湖の北側にある通常の観光ルートに近いということで選ばれたのでしょう。そして、可愛らしい小さな教会を建設し、より魅力的なものにしたのでしょう。

さあ、少し丘を下りて、湖畔にある村に入ってみましょう。そして少し時間をさかのぼってみましょう。二千年ほど前です。当時の人々は何を心配していたのでしょうか。何が心を脅かしていたのでしょうか。何が彼らを動かしていたのでしょうか。どのような教師が、どのようなメッセージが彼らの仕事の手を止めさせ、その人の後について丘を登るように駆り立てたのでしょうか。

そのメッセージは、何にも邪魔されない霊性、優しさ全般、死後に行く天国といった穏やかなものではありませんでした。人々は多くのことに不安を覚え、プレッシャーを感じていました。生活は、政治的にも経済的にも社会的にも困難極まりないものでした。異教徒のローマ帝国の支配下に置かれていたイスラエルは、深刻な問題を抱えており、その結果、社会的にも経済的にも様々な問題が渦巻いていました。そのような状況に置かれた多くの人々が、今日設計されたいわゆる「祝福の山」が象徴するイエスを歓迎し、熱狂的について行ったとはとても考えられないのです。

ではふさわしい象徴を求めて別の山に行くことにしましょう。湖を視野に入れたまま、さらに西へ数キロ行ったところにある山です。そこには、牧歌的な雰囲気のなだらかな斜面ではなく、険しい岩山や荒々しい洞窟があります。そうした丘は、一世紀のガリラヤ人にとって革命を象徴するものでした。そこには、一世代前に聖なる山賊たちが住んでいました。集まっていたのは、神の王国を必死に待ち望む人たちでした。谷間で生活することに甘んじ、良い時代が来ることをひたすら待ち望んでいました。祈り、断食し、最も厳格に解釈したユダヤ教の律法に基づいた厳しい聖なる生活を送っていました。そして、異教徒と取り引きを行うことでイスラエルの希望を損なっている悪しき支配者を、神の名において打倒する方法を計画し、具体的な策を練っていました。聞き覚えがあるでしょうか。悲しいかな、ありますね。

当然のことながら、当局はこうしたグループを快く思っていませんでした。このグループの継承者や同調者たちから、ユダヤ人の著述家ヨセフスが「第四の哲学」〔訳注＝ヨセフスは、サドカイ派、パリサイ派、エッセネ派と並び立つものと理解し、第一次ユダヤ戦争の元凶であると非難しました〕と呼んだ運動、すなわち「神以外の王はなし」をスローガンとする暴力的な聖なる革命家たちが現れました。彼らがひたすら神に願い求めたのは、神がついに契約を更新して、イスラエルを解放し、自分たちが約束の地を継承すること、そして他の支配を受けず、イスラエルに神の正義を確立し、ひいては全世界に正義を確立することでした。

当然のことながら、彼らは追従者たちに大きな要求を突きつけました。それは伸《の》るか反《そ》るかで、中途半端なことでは務まりませんでした。彼らは気高く勇敢な精神を持ち、何事にも大胆に行動し、あらゆる危険を冒し、すべてを期待し、何事にも耐え抜きました。高く、人を容易には近づけない山は、ヘロデのような人が彼らを放逐しようと決めたとき以外は、当局の手の及ばない所で、そうした人たちにとって安全な場所でした。それはまた、彼らの徹底した敬虔さ、排他的な高潔さ、天の王国は自分たちのものであると主張する決意の象徴でもありました。神の王国が来ますように、みこころが天で行われるように、地でも行われるように、と。

この山は、イエスのメッセージがそれまでどのように受けとめられていたか、また、なぜ人々がその日一日、家を離れて丘を登ってまでイエスについて行ったのかについて、まったく異なる手がかりを与えてくれます。イエスはそれまで谷間や湖畔で、神の王国について、謎めいた言葉を用いて語っておられました。人々は魅了されていましたが、しばしば少々困惑していました。話の中には理解できずに頭をかいてしまうようなこともありました。人々は、イエスが何かを語ろうとしていたのはわかっていましたし、イエスの語る王国こそ彼らが最も切望していたものであると認識していました。それゆえ、人目を避け、邪魔が入る恐れのない丘の上までついて来るように言われたときに、彼らは喜んでそうしました。そこでもっとはっきりしたイエスの王国構想を聞くことができると思ったからです。彼らの熱意は、より深い敬虔さや、もう一つの世界の現実をもっとよく理解したいという願いではなく、神の王国が天にあるように地でも行われるようになることを望む思いと関係していました。

山上の説教の構成はこのような期待にかなり的確に応えています。この革命的な王国の教師は、弟子たちを湖畔から離れた場所へ連れ出すと、王国についてさらに明確に語られました。もう謎めいたたとえ話でなく、神がついにその民と結び直されるという契約についてお語りになりました。では、この「説教」を俯瞰して、これがどのように展開していくかを見ていくことにしましょう。

申命記の契約を思い起こさせます。そこには、神の戒めを守る人々への厳粛な祝福のリストが記されています。これこれのことを行うなら、祝福を受け、これこれの律法を守るなら、あなたがたは幸いである、というものです。これはイスラエルに向けられたものであり、契約に基づくもので、神が意図したとおりの民になるようにと長きにわたって求めてこられたものです。「あなたがたは世の光であり、地の塩です。だから、中途半端なことはやめましょう。」これは、律法をさらに深化することを求めるものでした。パリサイ人はそこまで行かなかったのですが、今こそ私たちはそれを正しく理解し、律法と預言者〔旧約聖書〕が思い描いていた真のイスラエルになるというのです。ここまでがマタイの福音書五章の内容です。

マタイの福音書六章では、敬虔さを整理し直しています。偽善者のように敬虔さを装うのではなく、これを正しく理解し、神の王国が来て、みこころが天で行われるように地でも行われるように、というシンプルで直接的で切実な祈りをささげます。神を信頼し、神の王国を第一にすれば、神はそのことを成し遂げてくださるということです。続くマタイの福音書七章では、偽善者に注意し、今や始まろうとしている真の王国を模倣した偽物を受け入れてはならない、と警告します。そして私たちが真の革命家であって、他のグループはみな惑わされている、と語られます。

最後に大いなる警告です。ヘロデやピラトがこれを聞いたら、きっと身震いしたことでしょう（少なくとも特殊部隊を派遣したかもしれません）。ここに、岩の上に家を建てる唯一の方法があるといいます。岩以外のものの上に建てられた家は音を立てて崩れ落ちるでしょう。この「岩の上に建てられた家」は神殿用語です。イエスが謎めいた言葉を使いながらも力強く告げておられるのは、ご自分の宣教活動は真実のものであり、傀儡《かいらい》のヘロデ王や神殿を牛耳る成り上がりの似非《えせ》貴族たちによるローマの支配は、一過性のもので破滅するということです。

このような背景を知って「山上の説教」を読むと、非常に納得のいくものとなります。これこそ、イエスの聴衆が期待していたような内容だったのです。宗教や倫理などに関する情報を提供するという意味での「教え」というよりも、それはむしろ神の計画であり、しかも革命的な計画でした。「山上の説教」の全体的な形式と構成はこうです。「私たちは、唯一の真の神がご自分の王国を樹立するために用いようとする民である。それゆえ、立ち上がってこのご計画を実現しよう。」イエスは、私たちが「山上の説教」と呼ぶ教えを最初に語ったとき、政治集会のようなものを開いておられたのです。新しい運動、新しい大義のために支持者を集めているようなものでした。

しかし、ちょっと待ってください。確かにそのように構成されていますし、それは人々が聞きたかった内容でした。「山上の説教」は実に革命的です。ところが、この「説教」の内容をよく見てみると、そこに二つの革命的な要素があることに気づきます。イエスは、律法をこれまで以上に厳格に守り、軍事的反乱の準備をするように、といった月並みな教えを、単に別の言葉で伝えようとされたのではありません。異教徒や妥協する者たちに対する憎悪を煽って、ご自分に従って来る者たちに、鋤を剣に、鎌を槍に打ち直させようとしておられるのではありません。イエスの革命はその逆さまなのです。これまで見てきた二つの象徴的な山は、どちらも小さすぎます。その二つの山の後ろにもっと高い山がそびえているのです。

イエスは当時の人々に、真に革新的な新しい方法で神の民となるように呼びかけ、訴えておられます。厳かに神の祝福を告げますが、受けるにふさわしいと思えない人たちを祝福されます。「心の貧しい者は幸いです。神の王国はその人のものだからです。悲しむ者は幸いです。その人たちは慰められるからです。柔和な者は幸いです。その人たちは地を受け継ぐからです。義に飢え渇く者は幸いです。その人たちは満ち足りるからです。あわれみ深い者は幸いです。その人たちはあわれみを受けるからです。心のきよい者、目に見える規則を守るだけでなく心もきよい者は幸いです。その人たちは神を見るからです（モーセでさえ許されなかったことです）。平和をつくる者は幸いです。その人たちは神の子どもと呼ばれるからです。神の義のために迫害されている者は幸いです。神の王国はその人たちのものだからです。」これは確かに革命的なことですが、その中心には決定的なひねりが加えられています。

イエスは、真の革命が起こるときには、いわゆる革命家たちはこれに太刀打ちできないと言っておられるのです。これは確かに危険なメッセージであり、刺激的で、かなり破壊的な挑戦です。イエスの教えを聞いて動揺するのはヘロデやピラトのような権力者だけではありません。厳格な革命グループや、同じ方向を持つパリサイ派の人たちも愕然とするのです。このように期待を裏切ることをふれ回る者と一緒に、私たちはどのようにして真剣な抵抗運動が起こせるのでしょうか。どのようにしてイスラエルを神の王国にふさわしい聖なる国にすることができるのでしょうか。山上の説教と、その冒頭の「至福の教え」は、この二重の意味で革命的であり、破壊的なのです。

革命の両方の面が揃って初めて、効果を最大限に発揮できます。二つ目の革命を抜きにして一つ目の革命だけを取り上げれば、イエスはただの自称自由の戦士の一人になってしまいます。多くの歴史家がイエスをそのような者と見ようとしてきました。けれども、あらゆるものの中核である深みのある革命の層を削ぎ落としたときに、そのようにとらえることができます。同様に、一つ目の革命を抜きにして二つ目の革命を取り上げれば、イエスはキエティスト（静寂主義者）、一人ひとりの敬虔さと永遠の真理を語る教師になってしまいます。それならば、へロデやピラトはその存在に気づくことはなく、ましてや脅威に感じることもなく、やり過ごしていたでしょう。イエスをこのような人物にしようとしてきた人たちも少なからずいます。巡礼者や観光客向けのいわゆる「祝福の山」の象徴を設計した人々もその例外ではありません。けれども、一つ目の革命を削ぎ落としたときに、そのようにとらえられます。つまり、「山上の説教」の中核である「主の祈り」を微妙に変えて、『神の王国が来ますように。みこころが天で行われるように、天でも行われますように」と読むのです。しかし、「山上の説教」とこの祈りはこのまま読むべきであって、私たちにそのような改変の余地はありません。

それゆえ、イエスは預言者の伝統を受け継ぎ、イスラエルに悔い改めと回復を求め、イスラエルの民としての新たなあり方を示されます。それは、通常の一連の礼拝儀式を超え、神の愛と正義を反映する生き方を追求するものです。「山上の説教」の響きは、イスラエルのルーツにまでさかのぼります。

山々よ、聞け。**主**の訴えを。……
**主**がご自分の民を訴え、イスラエルと論争される。……
主はあなたに告げられた。
人よ。何が良いことなのか、
**主**があなたがたに何を求めておられるのかを。

それは、ただ公正を行い、誠実を愛し、
へりくだって、
あなたの神とともに歩むことではないか。（ミカ六・二、八）

預言者ミカは当時の支配者たちを非難し、神とその民の形を示し、彼らの生活様式を根底から覆しました。そして、イエスも同じことをなさいました。

「山上の説教」は、契約に基づいたものであり、革命的な声明であり、イスラエルに神の民として根本的に新たなあり方を求めるものです。そのあり方とは、通常の権力構造を覆すだけでなく、通常の革命そのものにも疑問を投げかけるものでもあります。これこそ、イスラエルが地の塩、世の光となる方法であり、単なる革命の夢ではありませんでした。貧しい者、悲しむ者、柔和な者は幸いです。飢え渇く者、あわれみ深い者、心のきよい者は幸いです。平和をつくる者、迫害される者、悪口を浴びせられる者は幸いです。神の王国も慰めも地も皆さんのものです。満ち足りること、あわれみ、神を見ることも皆さんのものです。神の子どもと呼ばれ、神の王国を受け継ぎ、報いが与えられます。これは神の民にとってまったく異なる夢です。というのは、これまでとは異なる神の姿を表しているからです。放蕩息子のたとえ話に登場する父の姿がほとんどの父親と異なるようにです。人々がイエスの言葉を握りしめ、山を下りながらそれを互いに反芻し合い、風変わりな新しい革命集団となり、イエスの新しい王国の生き方をするのを厭《いと》わなくなったとしても、まったく不思議ではありません。

そして、今の時代に私たちがこれらを読んでみると、次のような疑問が浮かんできます。もし教会が今日、この同じメッセージを世界に宣言するとしたら、どのようなものになるでしょうか。世間は、教会がどちらか一つの革命を宣言することを望み、両方を望むことはないでしょう。私たちが見た山はいずれも人気があります。ある人たちは、典型的な革命団体としての教会を望み、時代感覚に合い、革新的で、政治的にも正しい理念を支持します。そして今日、様々な国々に、そうした教会に喜んで協力する人たちがたくさんいます。世の中には、教会を静寂主義の団体と考える人たちもいます。彼らは、この世とその関心事から分離することを支持し、天のように神の王国が地上にも訪れるように祈るのではなく、死後の天国にのみ王国を求めます。こうした場合も、教会に喜んで協力する人たちがたくさんいます。

しかし、「山上の説教」と「至福の教え」は、こうした皺だらけの主張の一つを選ぶことを良しとしません。私たちには、二重の意味を持つ真実の革命的なメッセージが必要です。それは今日においては、どのようなものなのでしょうか。

私たちは、イエスがご自分のメッセージを当時の人々に、どのような言葉を使って伝えたかを学ばなければなりません。それが、私たちが自分のメッセージを私たちの時代の人々に伝える方法となるからです。「山上の説教」は、教会だけに対するイエスの挑戦ではありません。世界に対する教会の挑戦でもあります。しかし私たちの世界は、契約の更新、祝福のリスト、ユダヤ教の律法の本質を深化すること、敬虔さを新たに深めることなど期待していません。私たちの世界は、神殿や岩の上に建てられた家を再建したいとは思っていません。イエスが当時使っていたのと同じ言葉やイメージを私たちの時代の人々に投げつけても、それが何らかの形で定着することを望むことはできません。私たちは、私たちの時代の人々がどこにいるのかを見極め、彼らの言語と状況に合わせてメッセージを伝える必要があります。非常に困難な作業でありながらも、私たちは人々に届く一歩を踏み出さなければならないのです。

ある面では、これは実際にやってみなければならないことであり、即興性も求められるので、常にリスクを伴います。また別の面では、イエスの二重の意味を持つ革命的なメッセージに完全に忠実であるかどうかも問われます。もしもこの世のある特定のグループが言っていることを繰り返すような形で神の王国を語っているとするなら、それは間違った山を登ってしまったことになります。また、もしも世界のだれに対しても何に対しても挑戦しないような方法で語っているとするなら、それも別の間違った山に登ってしまったことになります。それらの山の背後にそびえ立つ高い山が必要なのです。これが、パウロが以下のように述べたときに抱いていた構想です。

ユダヤ人は「革命の」しるしを要求し、ギリシア人は知恵を追求します。しかし、私たちは十字架につけられたキリストを宣べ伝えます。……しかし神は、知恵ある者を恥じ入らせるために、この世の愚かな者を選び、強い者を恥じ入らせるために、この世の弱い者を選ばれました。有るものを無いものとするために、この世の取るに足らない者や見下されている者、すなわち無に等しい者を神は選ばれたのです。（Ⅰコリント一・二二～二三、二七～二八、［ ］は著者）

これは二重に革命的です。他のだれのカテゴリーにもあてはまりませんが、不思議な力と説得力をもって、あらゆる人を惹きつけます。パウロが「山上の説教」を読んでいたのではないかと思えるほどです。

では、異なる文化や地域にふさわしいカテゴリーと言語にイエスのメッセージと挑戦を翻訳するという、パウロが彼の時代に行っていたことを、私たちはこの時代にどのように行うことができるのでしょうか。もちろん、それぞれの教会がそれぞれの置かれた状況でこれに取り組まなければなりませんが、私が基本原則と考えているものを以下に紹介します。

もし異邦人たちに話しかけているのであれば、私たちは彼らに、イスラエルであり、世の光であり、地の塩であることを思い起こさせることなど求められません。聴き手がユダヤ教の律法を守るのに苦労していて、それを心から守る方法を知る必要があるなどと思いません。また、聴き手が、深められ完成に近づいた敬虔さをすでに実践しているとも考えられないでしょう。つまり、イエスが当時の聴き手に想定できたようなことを、私たちは想定することができないということです。

しかし私たちは、聴き手は神のかたちとして創造され、神の言葉に恐れおののき、神の愛に喜んで応え、神の賢明な配慮と正義を世界に反映するように造られていると想定することができますし、そうしなければなりません。また、人間は創世記が主張するように、関係性を有し、地を治め、礼拝するために創造されたということを骨の髄まで理解していると想定することができますし、そうしなければなりません。人は、自分たちがこうしたことのために造られたことを教えられなくても、心の奥底でそのことを理解しています。そして、そのことが良い結果を生んでいないことに戸惑いを覚え、しばしば悲しんでいます。私たちの務めは、象徴や物語、明瞭な理論を用いて、聴き手にわかる言葉で話すことです。彼らが自分に必要であると認識している革命を提供し、神の王国が天のように地にも訪れるという希望を持って進んでいる私たちとともに歩むように促し、招くことです。同時に、そうすることで、革命、正義と平和、天地創造の回復は、イエス・キリストによって示された天と地の真の神を礼拝することによってのみ実現することを彼らに伝え、示さなければならないのです。

私たちがほぼ正しい道を歩んでいることを確認できるしるしが二つあります。一つは、メッセージが今日の実際の必要や問題と深く関係しているため、世の支配者が私たちを反体制的であると考えるということです。もう一つは、イエス・キリストにおいて示された神への礼拝と愛にしっかりと根ざしているため、通常の革命家たちは、私たちが裏切ったとみなすということです。ユダヤ人はしるしを要求し、ギリシア人は知恵を追求します。しかし、私たちは十字架につけられたキリストを宣べ伝えます。神の愚かさは人よりも賢く、神の弱さは人よりも強いからです〔Ⅰコリント一・二二〜二三、二五〕。

こうした翻訳がうまくなされるときに（私はその一端を述べただけで、すべての教会がそれぞれ取り組んでいくべきことですが）、かつての「至福の教え」が再び響きわたり、個人の敬虔さではなく、心が傷つき、生活が破綻し、神の王国を必要とし、そして今まさに必要としている世界中の人々を心から迎え入れるものとなるでしょう。私たちはこの「至福の教え」を読むときに、それらが自分たちの抱える課題にどんな意味を持つかを問わなければなりません。その問いかけは、以下のようなものになるでしょう。

心の貧しい者は幸いです。天の王国はあなたがたのものだからです！　教会はただ語るだけでなく、どのような行動を取れば、心の貧しい人々にそう信じてもらえるでしょうか。悲しむ者は幸いです。その人たちは慰められるからです！　もし私たちが神に遣わされた者として慰めをもたらさないならば、悲しむ者たちはどうしてこの言葉を信じるでしょうか。柔和な者は幸いです。その人たちは地を受け継ぐからです。もし教会が、枕する所もなく十字架につけられたメシアの名において、柔和な人たちの権利を金持ちや権力者に向かって主張しないならば、彼らはどうしてこんなばかげたことを信じるでしょうか。神の正義に飢え渇く者は幸いです。正義を否定されている人々の側に立ち、正義が実現するまで声をあげ続ける覚悟がなければ、このメッセージはどうして伝わるでしょうか。あわれみ深い者は幸いです。あわれみ深さは弱さであるとされるこの世界で、私たちが囚人を訪問し、放蕩息子を歓迎しなければ、人々はどうしてこのメッセージを信じるでしょうか。心のきよい者は幸いです。不道徳なものが大きなビジネスにもなっている世界で、私たち自身が生ける神を礼拝し、私たち自身の心が神のきよさによって燃え上がらなければ、人々はどうしてこのメッセージを信じるでしょうか。平和をつくる者は幸いです。ある国での戦争が他の国のビジネスとなるような世界で、教会がその真ん中に立ち、人間としての異なる方法、私たちの共同の生活を秩序づける別の方法があると主張しないなら、私たちはどうしてこのメッセージを修得していると言えるでしょうか。神の王国のゆえに、そしてイエスのゆえに迫害され、ありもしないことで悪口を浴びせられている者は幸いです。教会が、当局から反体制的であると危険視されたり、十字架のふもとから真の革命が始まると主張して非難されたりするのを恐れて、何も言わず、何もしないとしたら、このメッセージはどうして伝わるでしょうか。

世界のどこかに、このなじみのない課題をしっかりと理解し、それに従って生きようと奮闘している教会があることを切に願っています。そうした教会がいくつかあると信じていますが、めったに出合わないのは残念なことです。敬虔さに限定した山か、単純な革命に限った山かのいずれかを選び、イエスが示されたより大きなビジョンを見失うのは、確かに容易なことです。けれども、私は希望を持っています。なぜなら、この「山上の説教」が最初に語られた場所がどこなのか正確にはわからなくても、象徴的に他の二つを結びつける山の正確な位置は実際にわかっているからです。ガリラヤで「山上の説教」をした主は、エルサレム郊外にあるカルバリと呼ばれる丘へ行き、実にそこで支配者と権力者の武装解除を行われました。そして復活したときに、岩の上に永遠に立つ家をお建てになりました。その家は、私たちの祈りが答えられる日まで、神が天地創造の時に意図されたことが最終的に成就し、神の王国が到来し、みこころが天で行われるように地でも行われる日まで、希望の光として立ち続けます。

その日まで、私たちは礼拝し、祈り、働き、語り、祝います。そして、私たちは特に、「飢え渇く者は幸いです。彼らは満ち足りるからです」と言われた方の死と来たるべき王国を結びつけるために、パンを裂き、ぶどう酒を分け合います。私たちはこれに対して、私たちの祝福の言葉でもって応えます。「祝福あれ！　主の御名によって来られる方に。ホサナ！　いと高き方に」〔マタイ二一・九〕。

# 訳者あとがき

このたび、N・T・ライト氏の説教集*For All God's Worth: True Worship and the Calling of Chuch*を翻訳出版できることを非常に嬉しく思います。

私のライト氏との出会いは二〇〇〇年、カナダのリージェント・カレッジの書店でした。ライト氏の“New Creation”（新しい創造）の講義CDが目に留まりました。語られる内容に不思議なほどの新鮮さと「これだ」と感じさせるものがありました。私が長くいだいていた疑問に光が注がれ、霧が晴れるように終末に関する事柄が整理されました。特に、天国のことや、救いの完成である新天新地と今の時代におけるクリスチャンの生き方とが深いところでつながっていることがわかり、それは私の生き方にも影響を与えました。

「御国が来ますように。みこころが天で行われるように、地でも行われますように」という祈りの理解に光が照らされました。キリストにあって天と地はすでにつながっており、キリストと結合しているキリスト者の群れに、新天新地の恵みが、完全ではなくても、すでに届いていることを教えられました。私たちは今の時代に、またこの地に、次に来る時代（新天新地）を先取りして生きることが求められており、そして、そう生きられることを学びました（ローマ六・四、エペソ一・一四、Ｉテモテ六・一九）。このことがわかるようになってから、ごく普通の生活の中に神の再創造の働きに、ことさら気づくようになり、以前から大切にしてきた「生活のすべてが礼拝であること」（ローマ一二・一）の理解が深まりました。

パウロは、聖霊によって創造主、贖い主なるキリストと結合した者たち（ローマ六・三〜四）は、キリストとともに、後に来る時代の恵みによって、今の時代に、また闇が横行するこの地に生きる特権が与えられていると明言しています（ローマ五・一七、二一）。信仰生活の真髄をこのように理解すると、今まで何気なく生きてきたきわめて普通の生活の領域に、天の恵みを映し出すような意識的な取り組みもできるようになります。このように、ライト氏が語る数多くの講義やメッセージの中には、パウロが手紙を通して繰り返し語っている真理がちりばめられています。

本書のタイトルに目が留まり、手に取ったのは六年前のことです。第1章「礼拝」の内容はまさに私の心に火をつけました。日常生活のあらゆる場に、あらゆる時に、最高に美しい神、最も価値あるお方の創造的な働きかけ、また神への感動を呼び覚ます働きかけがあります。そして私たちは永遠に神の前にひざまずきます。礼拝も神の創造のみわざなのです。

ライト氏は、日々の生活の中での礼拝を、共同体の礼拝と決して切り離しません。キリストにある救いは、礼拝を第一の喜びとする救いの共同体をこの地上に生み出します。まさにそこに天の現実が聖霊によって降《くだ》り、聖霊によって神の民は一つの家族として、永遠の神の無限大の美と価値を、全身全霊をもってたたえるのです。礼拝によって一つとされた神の民は、救いを必要としている人々に、キリストが低くなって、いのちを注ぎ流されたように、私たちも仕えることを喜びとします。礼拝と宣教はまさに一つです。キリストの十字架の死と復活は、礼拝と宣教を生み出す源です。キリストによって天と地は再びつながり、そして天と地が重なり合うところから、神のあわれみを必要としている人々に、エデンの園の中心から大河が分岐して地を潤したように、今もなお三位一体の神の永遠のいのちが渇いた世界のたましいに向かって流れていくのです（ヨハネ七・三七〜三九）。

天の父と罪人である私たちを、キリストは十字架の死を通して和解させ、そして赦しと和解を人々に与えるために手を伸べてくださったように、私たちもキリストとともに、愛とあわれみの手を伸べる民になりたいと祈り願います。神よ、あなたを崇める民を通して、あなたの永遠のいのちの水が全世界に民に流れていきますように（エゼキエル四七・三〜一二）。

最後になりましたが、編集の労をとってくださったいのちのことば社の長沢俊夫氏に心より感謝申し上げます。芸術や文学にも造詣の深いライト氏の多くの引き出しの中から、引用元を探し出すのは一仕事でした。ライト氏が操る言葉の妙味を十分に伝えきれないのは翻訳者の限界ですが、学者としても人としても深い魅力のあるライト氏の説教集を読んでいただけることは、私たちの喜びです。読者の皆様にとって本書が礼拝と宣教に駆り立てられる一助となることを願ってやみません。

*Inservi Deo et Laetari*（神に仕えなさい。そして、喜びなさい！）

鈴木茂　敦子

二〇二五年三月

〔訳者〕
鈴木茂（すずき・しげる）

徳島県に生まれる。オレゴン州にあるウェスタン・コンサーバティブ・セミナリーで学ぶ（Th.M. での研究はパウロ神学、特に十字架と復活に基づく聖化論）。
1992 年より仙台バプテスト神学校の講師として教鞭を取る。
1994 年より仙台聖書バプテスト教会牧師。
ライフワークとして、霊性神学と霊性形成に取り組んでいる。

訳書、フランシス・フォールケス著『エペソ人への手紙』〔ティンデル聖書注解〕、フィリップ・ヤンシー著『来日講演集　痛むとき、神はどこにいるのか』（共訳）（いのちのことば社）。

鈴木敦子（すずき・あつこ）

仙台市に生まれる。オレゴン州にあるウェスタン・コンサーバティブ・バプテスト神学校で学ぶ（教会音楽修士）。1992 年から仙台聖書バプテスト教会の教会員として夫の茂とともに神に仕える。

訳書、ピーター・スキャゼロ著『情緒的に健康な教会をめざして』、『情緒的に健康なリーダー・信徒をめざして』、『情緒的に健康な女性をめざして』（鈴木茂との共訳）（いのちのことば社）。

＊聖書 新改訳2017©2017 新日本聖書刊行会

# 真の礼拝と教会の召し

2025年4月25日 発行

著 者　N・T・ライト

訳 者　鈴木 茂
　　　　鈴木敦子

印刷製本　日本ハイコム株式会社

発 行　いのちのことば社
〒164-0001 東京都中野区中野2-1-5
電話 03-5341-6922（編集）
03-5341-6920（営業）
FAX03-5341-6921
e-mail:support@wlpm.or.jp
http://www.wlpm.or.jp/

ISBN 978-4-264-04579-3　Printed in Japan